ENERGIE
SUBSTANZ
BEWUSSTSEIN

Das Buch:

In dieser Übergangszeit gewinnen früher eindeutig festgelegte und wissenschaftlich verstandene Begriffe eine neue Vieldeutigkeit, womit sie sich in einer sprachlichen Grauzone des begrifflichen Erfassens bewegen. Dabei erscheint es notwendig, zwei grundsätzlich verschiedene Definitionsbereiche zu unterscheiden: Die wissenschaftlich bestimmte Definition physikalischer Formeln einerseits und deren spirituelle Synonymität als Bedeutungsdefinition andererseits. Diese letztendliche Doppelnatur aller Begriffsdefinitionen gründet in der Dualität allen SEINS von „Geist und Materie". Aufgabe dieser Schrift soll es sein, physikalische Begriffe wie „Energie, Substanz und Bewusstsein" auch auf ihre spirituelle Bedeutung hin zu interpretieren und darzustellen, was eine Klarstellung bereits bestehender Definitionen und Termini notwendig macht. So schwingt auf Grund dieser Bedeutungserweiterungen der Begrifflichkeit z.B. eine intuitiv wahrgenommene und viel umfassendere Verständnisebene bereits mit, obwohl sie sich noch einer präzisen begrifflichen Bestimmung entzieht. Die sogenannten exakten Wissenschaften sind gewohnt, mit präzisen Begriffsdefinitionen zu arbeiten, die diese erweiterten Bedeutungsebenen ausschließen. Aber die Impulse zur Erweiterung und Anpassung der wichtigsten Schlüsselbegriffe erschließen sich nur über eine Bedeutungsvertiefung eines sich weiter entwickelnden Bewusstseins, was man vorerst als „Supramentales Bewusstsein" (Aurobindo) bezeichnet und welches auf das zukünftige „Quantenbewusstsein" hinzielt. Fragen oder Anregungen sind erwünscht unter ***dr.smig@web.de.***

Der Autor:

Prof. Dr. Werner Smigelski, geb. 1929 in Leipzig ist emeritierter Hochschulprofessor. Vor über 30 Jahren wandte er sich auf innere Eingebung der Mystik zu und lebt seitdem zurückgezogen in der Eifel. Er empfängt seitdem spirituelle Durchsagen und ist ein detaillierter Kenner der mystischen Überlieferungen aller Weltreligionen. Die zentrale Botschaft in seinen Werken ist eine Zusammenschau wichtiger spiritueller Texte zum Inneren Weg, die im Kern aller Überlieferungen offenbar werdende und im göttlichen Geheimnis selbst begründete wesentliche Einheit aller Religion. Die Erschließung dieser bisher eher fragmentarisch nebeneinander stehenden Überlieferungen für eine heute – im Zuge einer spirituellen „Globalisierung" – anstehende religiöse Neubesinnung ist das Anliegen seiner Schriften, die allen denen gewidmet sind, die einen tieferen Einblick in den großen Sinnzusammenhang der Menschheit als Teil des Universums suchen.

Vom gleichen Autor sind erschienen:
• *Telepathie – Kommunikation der Zukunft*, ISBN 3-8334-3158-6
• *Der Traum des Jakob*, ISBN 3-86548-488-3
  (unter dem Pseudonym Anonymos)
• *Wege zur Erleuchtung – zwischen Selbsterkenntnis und Verblendung*,
  ISBN 978-3-8334-6984-8
• *Inkarnation*, ISBN 978-3-8334-8509-1
• *Schöpfung*, ISBN 978-3-8370-4821-6
• *Unschärferelation von Geist und Materie*, ISBN 978-3-8370-9706-1
• *Ätherkörper und Quantenbewusstsein*, ISBN 978-3-8391-8283-3
• *Krankheit als Bewusstseinsgenese / Heilung durch Selbsterkenntnis*,
  ISBN 978-3-7460-4963-2

ENERGIE
SUBSTANZ
BEWUSSTSEIN

Versuch einer Definitionsfixierung als Brückenschlag
zwischen Physik und Spiritualität
(Durchsagen und Kommentare)

Werner Smigelski
Durchsagen von Anonymos

D Kennzeichnung der „Dialoge" (Durchsagen auf die Fragen des Autors)

1. Auflage 2012 © Prof. Dr. Werner Smigelski

Alle Rechte liegen beim Autor
Herstellung und Verlag: Books on Demand GmbH, Norderstedt

ISBN 978-3-7460-6195-5

Buchgestaltung:
tastdesign, Düsseldorf, www.tastdesign.de
Umschlagbild: Lizenzfreies Stockmaterial, Illustration-Composing

Bibliografische Information Der Deutschen Bibliothek:
Die Deutsche Bibliothek verzeichnet diese Publikation in der Deutschen
Nationalenbibliografie; detaillierte bibliografische Daten sind im Internet
über <http://dnb.ddb.de> abrufbar.

Inhalt

Vorwort

Die gegenwärtig immer offensichtlicher werdende Überschneidung von Naturwissenschaften und Religions-Philosophie oder Physik und Metaphysik erfordert vor allem für die Grenzbereiche eine definitorische Klärung der wichtigsten Schlüsselbegriffe. Und das erfordert, die modernen Naturwissenschaften in ihrer bisherigen klassischen Bedeutung zu überprüfen, was bedeutet, diese dann durch einen umfassenderen spirituellen Aspekt zu ergänzen, um auf diese Weise das naturwissenschaftliche Denken von heute mit einem darauf Bezug nehmenden spirituellen Denken zusammenzubringen. Es ist in der Tat der Versuch, alle wissenschaftlichen Begriffe einer erneuten definitorischen Festlegung zu unterziehen.

Da die gesamte Menschheit in der gegenwärtigen Neuorientierung des wissenschaftlichen Denkens und Forschens sich in einer bewusstseinsmäßigen Übergangsphase befindet, bedarf es dieser grundsätzlichen Festlegung, womit hier nicht eine Verabsolutierung dieser Definitionen gemeint ist, sondern lediglich eine bestimmte Aussagefestlegung zum Verständnis gegeben werden soll. Denn in dieser Übergangszeit gewinnen früher eindeutig festgelegte und wissenschaftlich verstandene Begriffe eine neue Vieldeutigkeit, womit sie sich in einer sprachlichen Grauzone des begrifflichen Erfassens bewegen. Dabei erscheint es notwendig, zwei grundsätzlich verschiedene Definitionsbereiche zu unterscheiden: Die wissenschaftlich bestimmte Definition physikalischer Formeln einerseits und deren spirituelle Synonymität als Bedeutungsdefinition andererseits. Diese letztendliche Doppelnatur aller Begriffsdefinitionen gründet in der Dualität allen SEINS von „Geist und Materie". Aufgabe dieser Schrift soll es sein, physikalische Begriffe wie *„Energie, Substanz und Bewusstsein"* auch auf ihre spirituelle Bedeutung hin zu interpretieren und darzustellen, was eine Klarstellung bereits bestehender Definitionen und Termini notwendig macht. So schwingt auf Grund dieser Bedeutungserweiterungen der Begrifflichkeit z.B. eine intuitiv wahrgenommene und viel umfassendere Verständnisebene bereits mit, obwohl sie sich noch einer präzisen begrifflichen Bestimmung entzieht. Die sogenannten exakten Wissenschaften sind gewohnt, mit präzisen Begriffsdefinitionen zu arbeiten, die diese erweiterten Bedeutungsebenen ausschließen. Aber die Impulse zur Erweiterung und Anpassung der wichtigsten Schlüsselbegriffe erschließen sich nur über eine Bedeutungsvertiefung eines sich weiter entwickelnden Bewusstseins, was man vorerst als „Supramentales Bewusstsein" (nach Aurobindo) bezeichnet und welches auf das zukünftige „Quantenbewusstsein" hinzielt. Infolgedessen werden in dieser Schrift wissenschaftliche Begriffsdefinitionen den spirituellen wie in einem Glossar gegenübergestellt.

Einführung

Eine erste grundsätzliche Begriffsfestlegung soll dieser Schrift vorangestellt werden, weil sie für die gesamte Erkenntnis und das Verstehen der „Dualität in der Schöpfung" wichtig ist; es ist die Unterscheidung von **Universum und Kosmos**, zwei Begriffe, die im allgemeinen Sprachgebrauch leider oft synonym verwendet werden.

Universum *(nach Wikipedia)*

Als **Universum** (von lat.: universus „gesamt", von unus und versus „in eins gekehrt") wird die Gesamtheit aller hierarchisch angeordneten Bewusstseinsdimensionen[1] bezeichnet, und ist damit ein Gegenstand philosophischer und religiöser Überlegungen, deren Ursprung im mythischen und religiösen Bereich zu finden ist. Ein synonymer Begriff wäre **Schöpfung**: denn auf einen Schöpfer wird in Religionen die Ursache für den Anbeginn der Welt (Erste Ursache) zurückgeführt, wonach in den verschiedenen Religionen die Erschaffung der Schöpfung oder des Universums aus einem präexistenten Nichts oder Chaos, erfolgt. Ein Schöpfungsmythos ist somit eine religiöse Erklärung zur Entstehung des Universums, dessen materiellste Dimension der Kosmos ist. Der **Demiurg** (von griechisch δημιουργός demiurgós = „Gestalter") ist ursprünglich der in Platons naturphilosophischem Werk Timaios beschriebene Schöpfergott, der als eine Art Baumeister im Universum den Kosmos erschuf, indem er ihn als Abbild der kategorialen platonischen Ideen zuordnete.

[1] Dionysius Areopagita; „Hierarchie des Universums", siehe auch Smigelski „Schöpfung"

Das Universum als Hierarchie unterschiedlicher Bewusstseinsbereiche
(nach Dionysius Areopagita)

Dionysius Areopagita beschreibt als erster das **Universum** als eine in sich kreisende Schöpfung, in deren Bewegung sich das Licht zur Materie verdichtet, um sich wieder zum Licht der Ideen aufzulösen, so wie es im „Traum von der Jakobsleiter"[2] veranschaulicht ist. Areopagita beschreibt diese Schöpfung als eine Hierarchie, die aus unendlich vielen unterschiedlichen Bewusstseinsdimensionen besteht und sich als beseelte Gestalt vom immateriellen göttlichen Zentrum ausgehend bis hin zur materiellen „Peripherie" des Kosmos erstreckt, der für uns Menschen die einzig wahrnehmbare Dimension ist. Es ist der Rahmen, in dem sich die ureigenste Bewegung im Universum abspielt, und zwar in Form eines „Abstiegs des Geistes", in dem alle Manifestationen durch „materielle Verdichtung des Lichts" erschaffen werden, um dieselben im „Wiederaufstieg" im ewigen Kreislauf über spirituelle Transparenz wieder aufzulösen und zu vollenden. Das bedeutet, dass das, was als Licht begann und zur Materie verdichtet wurde, sich im Bewusstseinsaufstieg wieder zum Licht im Zentrum hin auflösen muss. Mit anderen Worten: „Es werde Licht!", wobei im Ausfluss das Licht sich zugleich in „Urenergie und Urstoff" – Welle und Teilchen – „spaltet", sodass zwischen „Materie" als Träger und „Energie" als „Wirkursache" zwar ewig ein Unterschied bestehen bleibt, beide jedoch eine untrennbare Einheit bilden. Das ist die Erschaffung jener scheinbaren **„Dualität"**, welche zugleich aber auch jene unteilbare immanente Spannung erzeugt, jene **„Unschärferelation"**, die das Leben selbst ist.

Albertus Magnus hat im Prolog zur „Hierarchie" des Dionysios Areopagita diesen Grundgedanken mit folgenden Worten umrissen: *„An den Ort, von dem die Flüsse ausgehen, kehren sie zurück, um wiederum auszufließen."* Das göttliche Zentrum ist der Ort, von dem alles Seiende ausgeht: denn alles, was ist, hat Gott erschaffen, um es in alle Ewigkeit wieder zu sich zurückzuführen. Das ist die **Urenergie**, die sich in die Hierarchie verströmt und wieder ins Zentrum zurückstrebt. Aus der immateriellen Einheit des göttlichen Zentrums ergießt sich das Licht als schöpferische Urkraft in die Vielheit unendlicher Gestalten der Schöpfung, deren **„Substanz"** vom Feinstofflichen bis hin zum Grobstofflichen im materiellen Kosmos reicht.

---

[2] Genesis 28,12 ff.: Jakob sah Engel daran auf- und niedersteigen – Abstieg und Wiederaufstieg des Geistes im Universum.

Kosmos *(nach Wikipedia)*

Kosmos (von griechisch *κόσμος kósmos* „(Welt-)Ordnung") ist die Welt aller wahrnehmbaren Phänomene wie Galaxien, Sonnensysteme und Planeten, die mittels physikalischer Gesetzmäßigkeiten beschrieben werden können. Die **Kosmologie** (griechisch *κοσμολογία* – hier: die Lehre von der Welt) beschäftigt sich mit dem Ursprung, der Entwicklung und der grundlegenden Struktur des Kosmos. Der Kosmos ist die unterste oder „äußerste" Bewusstseinsebene innerhalb der Hierarchie des Universums und als materiellste Ebene quasi die „Rückspiegelung" der spirituellen Hierarchie.

Begegnung von Geist und Materie im Kosmos

Der Kosmos ist die spiegelbildliche „Ausstülpung" der geistigen Hierarchie in eine sichtbare manifestierte Bilderwelt, und zwar nicht als einfacher Dimensionswechsel im hierarchisch geordneten Universum, sondern als totale Vereinigung zweier Seiten von prinzipiell unterschiedlichen Bereichen, nämlich von „Geist und Materie". Geeint werden die beiden niemals deckungsgleichen Bereiche durch die schöpferische Liebe, die als „Unschärferelation" zwischen beiden Bereichen das Leben beider erst ermöglicht. Allein dieser materielle Kosmos ist für den Menschen der sinnenhaft wahrnehmbare und erkennbare Frequenzbereich. In diesem Bereich herrscht ein permanentes Wechselspiel von geistigen Wirkkräften (Hierarchie) und erscheinenden Bildkräften (Kosmos). So ist der Planet Erde einmal in das kosmische Sonnensystem mit eingebunden, unterliegt aber andererseits auch den geistigen Wirkungen im gesamten Universum, wobei die bewirkenden spirituellen Kräfte es sind, die im Kosmos die Vielzahl aller manifesten Geschöpflichkeit ermöglichen.

Ursache dafür ist das URLICHT, welches Elemente im Kosmos zu unendlichen Strukturen kombiniert, die jedoch für den Menschen nur ausschnitthaft zu erfassen sind. Giordano Bruno spricht darum noch von einem „inneren Prinzip" im Kosmos, wenn er behauptet, dass der Motor aller Bewegungen aus diesem inneren Zusammenhang von „Gestirnsseelen" resultiert, was auch der Ideenlehre von Platon entspricht. Mit anderen Worten: Die im Ausfluss der Urenergie des Lichtes enthaltenen Ideen haben grundlegende Bedeutung für die danach im Kosmos erst folgenden Manifestationen. Nur über diese Hypothese könnten endlich jene starren Denkschemata einer klassischen Physik überwunden werden, weil damit eine spirituelle Komponente in die völlig verhärteten physikalischen Gesetze hineingebracht würde. Auch für Teilhard de Chardin sind alle Elemente im Kosmos bereits im Geist angelegte Grundbaustoffe, aus deren Anfang das gesamte Universum resultiert: *„Es sind im Schöpfungsausstoß Teile des Lichtes latent enthalten. Diese unterschiedlichsten Baustoffe, die sich vom Licht als Energien abspalten, durchdringen als Licht den gesamten Kosmos."* Es handelt sich dabei um jene Interferenzwellen, an deren Kreuzungspunkten ein Quant als Zwischenteil von Materie und Energie erzeugt wird (wie es auch die Unschärferelation aussagt), denn diese Art von Überschneidungen ist für die gesamte Materie gestaltgebend und formbestimmend.[3]

---

[3] Teilhard de Chardin „Der Mensch im Kosmos." „Dabei sind Frequenzkohärenzen, die zur Biophotonenbildung sich differenzieren als Elemente bereits ein „Strukturmuster". Das im Schöpfungsakt ausgegossene Licht ist die Sichtbarmachung des Geistes und enthält als Geistesausfluss alle Grundelemente bereits in sich, die dann im ausgegossenen Licht zu Teilchen durch Überschneidung der Wellen sich zusammenfinden wie bei einer Zeugung."

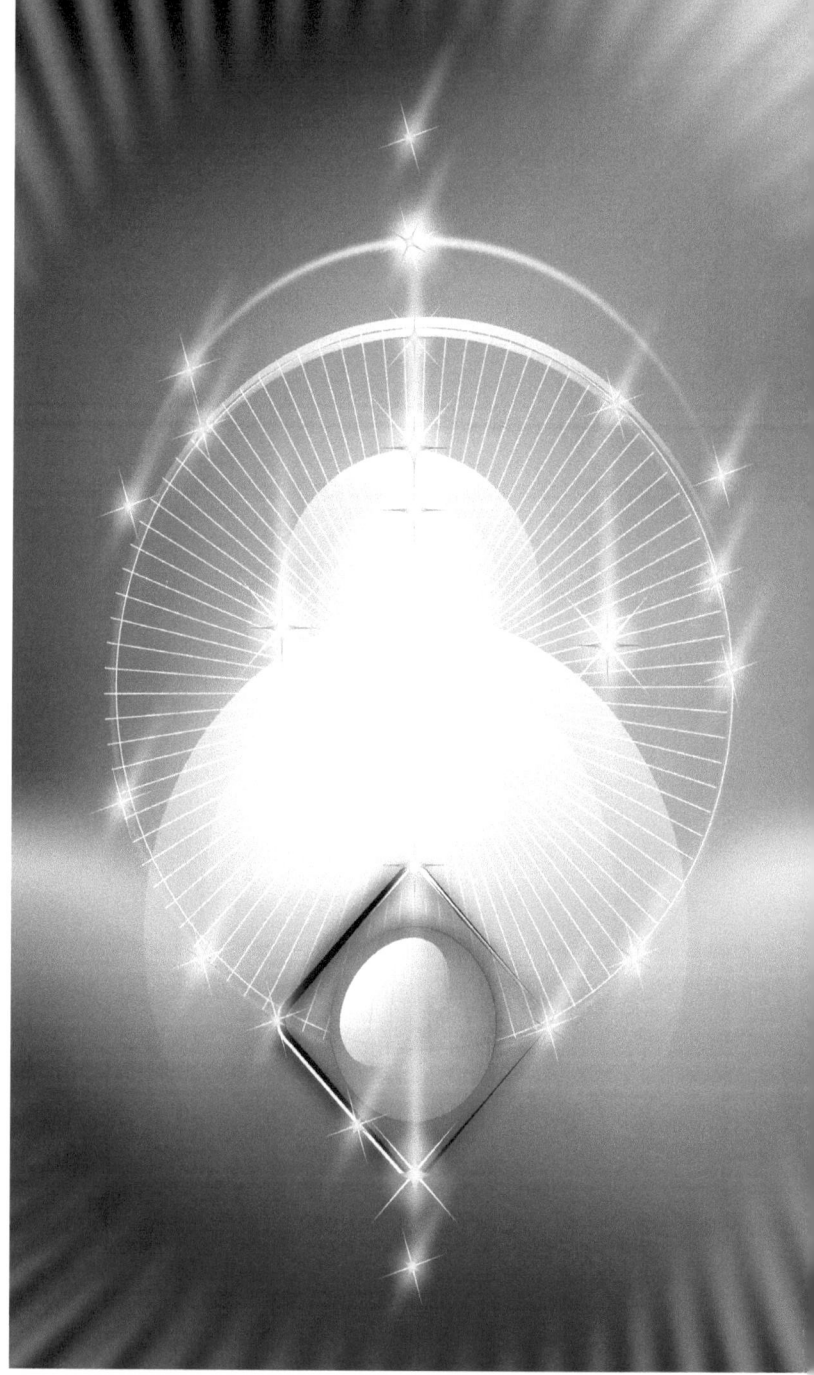

TEIL I

Licht als Urstrahl

Dieser schöpferische Urstrahl repräsentiert die Trinität:

Es sind die drei Begriffe, die auf ihre Bedeutung im Schöpfungsprozess zu untersuchen und zu unterscheiden sind – denn der schöpferische Urstrahl selbst ist die vereinte „Trinität" von URENERGIE, URSUBSTANZ UND URGEIST.

Das sind die drei im Urstrahl verbundenen und mitbestimmenden Aspekte: Der **Wille** als Schöpfungskraft schlechthin, die gestaltgebende Energie der **Liebe** als Sichtbarmachung und der **Geist** als Durchdringung aller Gestaltungen mit Bewusstsein. Diese Kräfte liegen allen Manifestationen im Universum zugrunde. Dabei ist „Der Urstrahl" der Träger des positiv-göttlichen schöpferischen Willens, der in der Liebe als empfangender und negativ-magnetischer **Substanz** ein Gefäß für die einströmende Kraft des Geistes findet. Denn der schöpferische Impuls kommt immer nur in Substanz zum Ausdruck, wobei der Geist die innewohnende Bestimmung ist, um „Formgestalt" anzunehmen. Es handelt sich also immer um einen Doppelaspekt von Geist und Substanz, und anstelle der heutigen Fachausdrücke für Geist und Substanz werden die umfassenderen Begriffe positive und negative Energie treten, die zwei Aspekte der einen Energie sind. Eine verkörperte Idee ist demnach buchstäblich ein positiver Energie-Impuls, über den sich ein „Schleier" von negativ-empfangender Substanz legt. Denn jede Energie ist immer an einen Träger: d.h. an einen Körper oder eine Manifestation gebunden, um darüber sichtbar, fühlbar oder erkennbar zu werden.

1. Urenergie	2. Ursubstanz	3. Urgeist
Radioaktivität / Strahlen	Frequenzbereiche	Ideen, Plan
Elektrizität/ Magnetismus	Fluid, Äther	Bewusstsein, Prana
Erzeugen / Wille	Empfangen / Liebe	Erkennen / Geist

URSTRAHL DES LICHTS = Drei URFEUER ALS URKRÄFTE IM UNIVERSUM

1. **Der Wille** ist die primäre Impulskraft, die das SEIN selbst hervorruft. Es ist der Strahl als Urenergie und die Grundschwingung, die alles Bestehende und die Basis aller Manifestationen des Seins hervorruft. Denn alles, was erscheint, ist „manifeste Energie", die auf der dynamisch-radioaktiven Energiestrahlung oder Elektro-Magnetismus des spirituellen Schöpfungswillens beruht.

2. **Die Liebe** ist im Prozess der Schöpfung die Gestalterin, die in der Spannung zwischen Wille und Geist als deren Unschärferelation (Nicht-Deckungsgleichheit von Welle und Teilchen) die Bewegung im Schöpfungsprozess schlechthin ist und damit in einer planvollen Evolution das ewige **Leben repräsentiert**. **Diese Kraft** führt in permanenter Umgestaltung und Verwandlung den urschaffenden Willen mit dem alldurchdringenden Geist zum planvollen Aufbau der Schöpfung zusammen. Im Kosmos ist sie als „Nullpunktenergie"[4] in Verbindung mit dem kosmischen Äther die höchste Schwingung des Lichtes.

3. **Der Urstrahl des Geistes** ist das alles **durchdringende spirituelle Feuer** des Bewusstseins, dass sich als durchgängiges Allbewusstsein im Universum in jedem Atom regt. Es ist der geistige Impuls, der jedem Geschöpf seine Bewegungsrichtung im gesamten System gibt und im Kosmos als das leuchtende Feuer der spirituellen Ideen in der Substanz die Evolution bestimmt. In dieser Evolution verlaufen zwar Erschaffung der Träger-Substanz und Gestaltung derselben parallel, wobei aber die spirituelle Bestimmungsrichtung gegenüber der impulsgebenden gestalthaften Entwicklung zuweilen verzögert in Erscheinung tritt.

Dieser Strahl unterliegt dem Gesetz der Synthese und beinhaltet den spirituellen Plan aller Systeme im Universum, in welchem er im Kosmos die

[4] eine Energie, die quasi aus dem Nichts erscheint und an keine Substanz gebunden zu sein scheint

Richtung aller Bewegungen bestimmt, die sich als evolutionäres Vorwärts-drängen durch Raum und Zeit beschreiben lassen. Der **Geist** ist in diesem Urstrahl der planende Initiator aller Ideen, gleichsam der dem Urstrahl inhärente Informationsgehalt. Dieser dritte Urstrahl durchdringt im Universum alle hierarchisch geordneten Dimensionen in einem reibungslosen Übergang, wobei die Energieerscheinungen selbst sehr unterschiedlich sind. Denn nicht die Energie wandelt sich, nur ihre Erscheinungsformen und damit zugleich auch ihre Wirkungen. Diese sind immer an das hierarchisch aufgebaute Universum gebunden, indem in jeder Dimension andere Bedingungen der Substanz vorherrschen, die sich auf einer Skala von Geist bis Materie bewegen.

URENERGIE

Energie ist ein mehrdeutiger Begriff. Ziel dieser Darlegungen ist es, die für diese Schrift ausgewählte Definition festzulegen. Zwei grundsätzliche Definitionsbereiche werden dabei unterschieden: Die wissenschaftlich bestimmte Definition physikalischer Formeln und die spirituelle Synonymität als Bedeutungsdefinition.

Zwei Definitionen von Energie:

1. ALS QUANTIFIZIERBARE PHYSIKALISCHE GRÖSSE
2. ALS SPIRITUELLE KRAFT VON STRAHLEN

1. Wissenschaftlich-physikalische Definition
(nach Wikipedia)

Energie (altgr. ἐνέργεια *énérgeia* „Aktion", „Werk") ist ein Begriff, der in unterschiedlichen Zusammenhängen verwendet wird:

- Energie, physikalische Größe, für die im System gespeicherte Arbeit oder die Fähigkeit eines Systems, Arbeit zu verrichten

- Energeia (griechisch für Wirklichkeit, Tätigkeit) in der Philosophie seit Aristoteles Inbegriff des Realen im Gegensatz zum bloß Möglichen (Dynamis).

Der Begriff **Energie** wurde von dem schottischen Physiker William John Macquorn Rankine m Jahr 1852 im heutigen Sinn in die Physik eingeführt und leitet sich aus dem Griechischen ab: εv = in, innen und $\varepsilon \rho \gamma o v$ = Werk, Wirken. Der neue Begriff Energie war notwendig, um eine Abgrenzung zum allgemeinerem Begriff *Kraft* zu ermöglichen. Früher wurde versucht, Energie nur über den Kraftbegriff zu definieren und man gelangte zu Begriffen wie „lebendige Kraft" und „Erhaltung der Kraft". Dies ist einerseits physikalisch falsch, andererseits kann dies nur für mechanische Energie angewandt werden – bei anderen Energieformen (Strahlungsenergie, thermisch, chemisch, etc.) ist die Definition der Energie über den Kraftbegriff sinnlos.

a) Mechanische Energie
Die Energie eines mechanischen Systems kann immer als Summe von kinetischer und potenzieller Energie dargestellt werden. Diese beiden Begriffe werden über die klassische Mechanik und die Quantenmechanik hinaus in fast allen Bereichen der Physik verwendet.

- *Kinetische Energie* wird auch als Bewegungsenergie bezeichnet. Sie wird durch die Bewegung eines Systems gegenüber einem anderen System und durch seine Masse bestimmt und setzt sich aus Translations- und Rotationsenergie zusammen.
- *Potentielle Energie* wird auch als Lageenergie bezeichnet. In der Mechanik ist sie die Energie eines Systems, die dieses durch seine Lage in einem Kraftfeld besitzt, zum Beispiel im Gravitationsfeld der Erde. Auch die Elastische Energie (siehe unten) wird zur Potentiellen Energie gezählt.
- *Schwingungsenergie:* Schwingungen sind allgemein (auch über die Mechanik hinaus) durch einen periodischen Wechsel zwischen zwei Energieformen charakterisiert. Beim Pendel wechselt die potentielle Energie bei maximaler Auslenkung mit der gleich großen kinetischen Energie während des Durchgangs durch die Ruhelage ab.
- *Elastische Energie* ist die potentielle Energie der aus ihrer Ruhelage verschobenen Atome oder Moleküle in einem elastisch deformierten Körper, beispielsweise einer mechanischen Feder. Allgemein bezeich-

net man die Energie, die bei der elastischen oder plastischen Verformung in dem Körper gespeichert (oder freigesetzt) wird, als Deformationsenergie.

- *Schallenergie:* Beim Schall schwingen die Atome in Folge der Elastizität eines Festkörpers oder der Kompression einer Flüssigkeit oder eines Gases im Takt der Frequenz zwischen der potenziellen Energie der Auslenkung aus ihrer Ruhelage und der kinetischen Energie beim Durchgang durch diese Ruhelage. Der Begriff akustische Energie bezieht sich auf alle akustischen (teils nicht von Menschen wahrnehmbare) Schwingungen.
- *Wellenenergie* ist ein Sammelbegriff, der nicht nur auf die akustischen Wellen zutrifft, sondern auf alle räumlich ausgebreiteten Schwingungsphänomene wie z. B. Wasserwellen, Stoßwellen und elektromagnetische Wellen.

Energie ist eine Erhaltungsgröße, denn die Gesamtenergie in einem abgeschlossenen System bleibt konstant. Erst bei einem Energie-Fluss über die Systemgrenzen hinweg (Energie-Zufuhr- oder Abfuhr) ändert sich die Gesamtenergie des Systems. Oft ist es nicht ganz einfach, die Systemgrenzen exakt festzulegen (Energieerhaltungsgesetz) Die Folgerung: *Energien können nur an ihren Wirkungen im Kosmos abgelesen werden. – Die Ursache selbst kann nicht hinterfragt werden. Aus den Wirkungen kann aber die Ursache gefolgert werden. Die faktisch nicht mögliche Messbarkeit von Energie findet eine erste Bestätigung in der Energie-Zeit-Unschärferelation.* Die Gesamtenergie in einem abgeschlossenen System bleibt konstant. Unter einem abgeschlossenen System versteht man ein System ohne Energie-, Informations- oder Stoffaustausch und ohne Wechselwirkung mit der Umgebung. Aus diesem Energieerhaltungssatz lässt sich ableiten, dass die für das System gültigen Gesetze der Physik nicht von der Zeit abhängen.

b) Grenzbedingungen / Überführungen in den synonymen Bedeutungsbereich von Energie:
Die *Energie-Zeit-Unschärferelation* beschreibt dagegen eine „Grenzbedingung" für die erreichbare Messgenauigkeit von Energie und Zeit in der Quantenmechanik. Die Relation wurde zuerst von Werner Heisenberg zusammen mit der Unschärferelation für Ort und Impuls publiziert, sie beschreibt jedoch einen grundsätzlich anderen Zusammenhang. Ebenso wie die heisenbergsche Unschärferelation ist auch

die Energie-Zeit-Unschärferelation prinzipieller Natur und wird nicht als Folge von Unzulänglichkeiten im Messprozess angesehen. Formal wurde sie von Heisenberg wie folgt formuliert:

$$\Delta E \cdot \Delta t \gtrsim h,$$

wobei **h** das Plancksche Wirkungsquantum ist. Anders als bei der Unschärferelation für Ort und Impuls lässt sich die Energie-Zeitunschärferelation nicht stringent aus dem Standardformalismus der Quantentheorie herleiten, sondern ist:

Die Kraftquelle der Energie, die als geeinte Identität in der Materie einer Bewusstseinsebene zum Ausdruck kommt. Mit diesen Grenzbedingungen erfolgt bereits eine Art gedanklicher „Überführung" in den synonymen und nicht mehr physikalisch messbaren Bedeutungsbereich von Energien. In dieser Schrift geht es nicht um die wissenschaftlich definierte Bedeutung von Energie, sondern allein um die synonyme Bedeutung des Begriffs ENERGIE.

2. Synonyme Begriffe für die spirituelle Bedeutung
(nach Wikipedia)

Die Kulturen und Traditionen, die systematische Erkenntnisse über spirituelle Energien überliefern, sind sehr vielfältig. Die wichtigsten Traditionen aus heutiger Sicht mit den etablierten Begriffen für spirituelle Energien sind:

Synonyme für Energie:

Essenz (lat. *essentia* von *esse* „Sein") bezeichnet im Gegensatz zur Existenz (Dasein) das Wesen einer Sache. Quintessenz, Azoth (Alchemie). In der Philosophie bezeichnet Essenz als Übersetzung des griechischen Wortes ousia nach der Wesenslehre von Aristoteles das Wesen eines Dings. In der Scholastik war die Unterscheidung von Essenz als dem Wesen der Eigenschaften und Akzidentien als den Eigenschaften eines Dings selbst bedeutsam. In der modernen Philosophie bildete sich der Gegensatz von Essentialismus und Aktualismus aus, nach dem sich alles Seiende in ständiger Veränderung befindet.

Pneuma (griechische Philosophie):

Das Pneuma (griechisch πνεύμα, „der Geist", „Hauch", „die Luft", vergleiche etwa Pneumologie oder Pneumatik) weist Bezüge zum Geist auf. So kann es als Heiliger Geist übersetzt werden. Das antike Konzept des Pneuma ist aber nicht nur auf den Geist bezogen, sondern weiter gefasst. Es bedeutet auch so etwas wie Wirbel, Windhauch oder Druck und hat Bezüge zu ähnlichen Konzepten wie dem chinesischen Qì (Chi) oder dem indischen Prana bzw. dem indischen Akasha, vgl. auch Atemseele. Bei den Stoikern wird Pneuma auch als eine Art „feuriger Lufthauch" gebraucht, der alles durchdringt und somit kosmische Macht hat.

Weitere Synonyme sind:

- Theosophie: Od-Kraft von Karl Reichenbach: Kraft
- In der chinesischen Philosophie des das Qi (chin. „Lehre des Weges"), Taoismus,
- In der indischen Philosophie des Yoga und im Hinduismus Prana. Hier finden sich auch im Pranayama sehr umfassende Beschreibungen und Anleitungen zum Umgang mit spirituellen Energien. „Prana" ist eine Bezeichnung für die Lebensenergie. Der Begriff „Pranayama" bezeichnet also die bewusste Regulierung und Vertiefung der Atmung durch Achtsamkeit und beständiges Üben. Da die Atmung Träger der Lebensenergie ist, kann man Prana auch mit „Atem" übersetzen - im ursprünglichen Gebrauch hat der Begriff jedoch ein größeres Bedeutungsspektrum. Eine fortdauernde Konzentration auf die Vorgänge der Atmung und bewusst ausgeführte Atemtechniken können die Prozesse des Bewusstseins beeinflussen. Ähnliche Effekte werden auch bei zahlreichen Meditations- und Entspannungstechniken beobachtet.
- Ägypten: Ka Der Ka ist in der altägyptischen Mythologie ein Aspekt des Seelischen, der den physischen Tod des Menschen überdauert. Er verlässt den Körper des Sterbenden und existiert dann – trotz fortdauernder enger Verbindung mit dem Leichnam (der Mumie) – eigenständig. Daher kann er im Rahmen der ethnologischen und religionswissenschaftlichen Terminologie als Freiseele bezeichnet werden, im Gegensatz zur strikt körpergebundenen, mit dem Körper sterbenden Vital- oder Körperseele; man hat ihn aber auch als „Außenseele"

(Ätherleib) gedeutet, die den Menschen als Schutzgeist begleitet. Eine genaue Bestimmung seines Wesens und seiner Bedeutung ist schwierig und seit langem umstritten, da die einschlägigen Quellentexte ein facettenreiches und nicht in jeder Hinsicht stimmiges Bild ergeben.

- Orgon (Reich) Orgon ist der von Wilhelm Reich (1897-1957) geprägte Name für die „kosmische Energie"
- Potentia nach Heisenberg und Bohm

Wie aus diesen oben aufgelisteten synonymen Begriffsbedeutungen deutlich wird, findet der Begriff „Energie" nicht nur für die Beschreibung äußerlich wahrnehmbarer Phänomene (wie etwa Leistungsvermögen, Handlungskraft), sondern auch für innere Vorgänge (Motivation, Gefühle usw.) Verwendung. „Energie" als physikalischer Begriff hingegen sagt darüber gar nichts aus, bleibt eine „Formel" und hilft weder einer hintergründigen Bedeutung noch einer Sinnerklärung. Für die Physik stellt sich die Energie nur als Größe der Elektrizität, quasi als elektromagnetische Energie dar, deren Bestimmbarkeit bereits bei der „Radioaktivität" aufhört, womit Energie als physikalische Formel lediglich als messbare Größe eine Verwendung findet, und zwar für die reale Orientierung im Bereich von Nutzen und Gebrauch. Für eine darin wirkende spirituelle Bedeutung besitzt der physikalische Begriff als Formel gar keine Bedeutung.

In dieser Schrift wird der Begriff „Energie" fast ausschließlich in seiner spirituellen Bedeutung verwendet. Denn Energie ist die im Urstrahl des Lichtes dreifache Vereinigung von Impuls, Substanz und Bewusstsein als Basis allen Seins und Lebens: URENERGIE. Nur so haben alle Synonyme die gleiche Bedeutung: Es ist die Schöpfungskraft schlechthin und ist in jedem Atom eingefangen als Rest- und Teilenergie aus der Gesamtenergie der Schöpfung. Diese Energie nimmt niemals ab, sondern verwandelt sich nur ständig. Das hat schon Einstein für den Kosmos festgestellt (Gesetz von der Erhaltung der Energie). Was er aber nicht bedacht hat, ist, dass diese Energie unerschöpflich ständig aus Gott fließt bis hinunter in die Materie des Kosmos, wo sie nicht als Energie erlebbar ist, sondern nur über die manifeste Gestalthaftigkeit wahrgenommen und an deren Wirkungen erahnt werden kann. In hohen nicht mehr direkt wahrnehmbaren Schichten des Universums ist nur reine Energie und bis zum Zentrum hin nicht mehr als bildhafte Gestaltungen vorstellbar.

Ⓓ Wie kann man diese Begriffs-Erklärung der Urenergie auch für die Wissenschaft plausibel darstellen? mit anderen Worten: Die transzendente Urenergie als Erreger, Erhalter und Verwandler kosmischer Manifestationen beschreiben?

Indem man immer wieder deutlich macht, dass die Urenergie zuerst einmal als schöpferische Kraft schlechthin anerkannt werden muss, was leider noch immer nicht von den Wissenschaftlern erfolgt, weil sie diese Energie in ihrem dreidimensionalen Modelldenken nicht messbar nachweisen können.

Und das nur, weil sich physikalisch Energie im Kosmos immer nur über Frequenzen darstellen lässt?

Ja, und zwar im Stoff (Substanz, Materie), in dem die Energie in bestimmten Frequenzen schwingt und die Kraftentfaltung immer auch von der Substanz mit abhängt – die Spannung zwischen beiden (Welle und Teilchen) ist das Wirkungsquantum.[5]

Energie ohne Substanz wäre als Nullpunktenergie im Kosmos nicht wirksam. Im Kosmos sind das lediglich die Frequenzen von Gedanken, die keiner Substanz bedürfen und darum ist *„jene Energie, die ihr als Nullpunktenergie bezeichnet, jene Kraft, die nur im spirituellen Zentrum beheimatet ist, dort jedoch nicht als „Welle und Teilchen" oder als Frequenz und Substanz, sondern als Kraft schlechthin im FEUER als Urenergie, die im Kosmos nur als Strahlung messbar ist."* Darum ist die für den Kosmos als „Nullpunktenergie" bezeichnete Energie eine Täuschung, weil die Physik bisher von der falschen Annahme eines Vakuums im Kosmos ausging, was jedoch in Wirklichkeit nicht der Fall ist. Denn *per definitionem* besitzt ein

---

[5] Dabei stehen Substanz und Frequenzhöhe immer in Proportion, und das ist das Planck´sche Wirkungsquantum, von dem man zwar bereits die Formel erstellt, die man aber selbst noch längst nicht in ihrer wahren Bedeutung begriffen hat.

physikalisches System im Kosmos auch am sogenannten Temperaturnull-punkt noch eine Restenergie in Form von Schwingungsenergie. Nach der Unschärferelation können seine Teilchen selbst da, wo sie nach der klas-sischen Physik absolut bewegungslos sein müssten, nicht zur Ruhe kom-men und besitzen deshalb auch im Grundzustand noch Energie.

Das ist der permanente schöpferische Umwandlungsprozess des Lebens selbst. Der Wille erzeugt die Substanz, und die Liebe gestaltet diese zur ge-schöpflichen Manifestation, welche wiederum verhüllende Offenbarungen dessen sind, was in Gott als „Potentia"[6] ruht, wobei das geistige „Urlicht" dann erst Licht ist, wenn dieses aus Gott heraustritt. Dies ist allerdings nicht mit dem Sonnenlicht zu vergleichen, weil es noch viel mehr Geist als sichtbares Licht ist, erfährt aber eine erste Sichtbarmachung, indem es sich in feinstofflicher Substanz zugleich die Bedingungen seiner Sicht-barmachung erschafft. In dieser Sichtbarmachung wird das darin wirkende „Plancksche Wirkungsquantum h" im Kosmos zur einer „fundamentalen Naturkonstante der Quantenphysik".

Dieses tritt bei der Beschreibung von allen „Quantenphänomenen" auf, bei denen physikalische Eigenschaften nicht jeden beliebigen kontinuierli-chen Wert, sondern nur bestimmte „diskrete Werte" annehmen können. Das Plancksche Wirkungsquantum verknüpft Teilchen- und Welleneigen-schaften, es ist das Verhältnis von Energie und Frequenz eines Lichtquants oder eines Teilchens, wobei das Wirkungsquantum damit eine Proportio-nalitätskonstante ist, deren Größe sich aus der Anpassung experimentell ermittelter Werte ergibt, und die Kraftquelle der Energie, die als geeinte Identität in der Materie einer Bewusstseinsebene zum Ausdruck kommt. Denn alle potentiellen Anlagen liegen in dieser belebenden, energieverlei-henden Kraft. Es ist das Leben selbst und die treibende Kraft der Evolution. Es handelt sich nicht nur um die Evolution der Substanz, sondern auch um eine zwangsläufige Folgeerscheinung eines inneren, bewussten, sub-jektiven Lebens. Wobei immer Substanz und Frequenzhöhe in Proportion stehen. Vom „Planck´schen Wirkungsquantum" hat man zwar bereits eine Formel erstellt, die man aber selbst noch längst nicht in ihrer wahren Bedeutung begreifen und einordnen kann.

[6] Werner Heisenberg

Dieser unendliche und permanente Schöpfungsprozess ist nur vom „Ausfluss" aus dem spirituellen Zentrum her zu erfassen und nicht vom Endpunkt im Kosmos her zu verstehen. Und doch ist es notwendig, mit dieser Annahme zu denken. Dies ist zwar mit dem gegenwärtigen Bewusstseinslevel der Menschheit, der ja auch die Begriffswelt bestimmt und definiert, nicht zu erklären – aber es ist sehr wohl möglich, diese Hypothese als Denkmodell in alle Überlegungen zu integrieren. Denn es muss das Ziel der Menschheit sein, über die „Quelle dieser Energie" etwas zu begreifen. Heute weiß bereits zwar jedes Kind, welche Gefahr die Kernspaltung bedeutet, obwohl überhaupt noch niemand begriffen hat, was eigentlich bei einer Atomspaltung vor sich geht und woher die gewaltige Energie kommt! Darum lautet gegenwärtig die Frage:

D Wird man in Zukunft mit diesen in den Kosmos „eindringenden Energien" (Strahlungen), die dann wiederum als Lebenskraft oder Zerstörung dienen, bewusst operieren können?

Ja natürlich, allerdings nicht über physikalische Experimente, denn das führt nur zu Pannen. Das geht allein über das neue Bewusstsein inspirierter Menschen (z.B. Nikola Tesla), die diese Energieströme (Strahlungen) über ihr Bewusstsein auffangen und so neuen Bestimmungen zuführen können. Dieser „Transfer" ist auch jetzt schon der Fall bei allen Menschen im Traum, wobei sich diese Kräfte allerdings einer wachbewussten Steuerung noch entziehen. Nur sehr wenige Menschen haben als reale Beispiele dafür solche Kräfte, die bereits jetzt schon solche Fähigkeiten in kleinen ungefährlichen Experimenten wie Geistheilung oder telepathischen Transporten bewusst einsetzen können.

In Zukunft wird es also darum gehen, „freie Energien"[7] anzuzapfen, was im Prinzip schon lange möglich wäre, nur noch nicht allgemein einsatzfähig ist. So entdeckten Tesla und Reich bereits vor 100 Jahren rotierende Energiefelder – nur leider gelingt deren praktische Umsetzung noch immer nicht. Tesla wollte der Welt die freie und unerschöpfliche Energie zuteil werden lassen, die durch das Anzapfen der Erd- und Atmosphärenladung verfügbar ist und mit Hilfe einer Trägerwelle wie beim Radio weitergeleitet werden kann. Dafür ist die Zeit jetzt reif, allerdings müssen dafür die Voraussetzungen erst noch geschaf-

[7] Nikola Tesla

fen werden. Bei einem Gewitter z.B. werden ungeheuer starke Energien wahrnehmbar freigesetzt. Es ist aber nicht schon damit getan, solche Energien ebenfalls aktiv selbst freizusetzen, sondern allein damit, sie auch zugleich speichern zu können, um diese Energien dann nutzend umzusetzen.

Geschieht das nicht schon in der Atomenergie?

Ja das schon, doch ist das erst nur ein erster Schritt in die richtige Richtung. Um den Kosmos auszuloten, bedarf es mehr als nur einer Atomexplosion. Tesla konnte freie Energien schon vor 100 Jahren herunterladen, was aber als verfrüht von der Wissenschaft abgelehnt wurde. Einmal aus Furcht und zum anderen als Scharlatanerie, obwohl die Wissenschaftler es nachvollziehen konnten. Dabei muss man allerdings immer darauf achten, dass keine Pannen passieren wie bei der Atombombe. Darum lest nicht mehr die Regeln von den materiellen Gestaltgesetzen ab, sondern von den Bedingungen der Energie selbst, die ihr allmählich immer mehr zu begreifen lernen werdet.

Atomenergie – Segen oder Gefahr?

Alles, was die Menschheit erfindet – oder besser – entdeckt, ist im göttlichen Plan vorgesehen. Insofern sind daher Entdeckungen völlig wertfrei. Nur: bei jeder Entdeckung, die der Mensch macht, gibt es immer zwei Möglichkeiten, diese einzusetzen – als Zerstörung oder als Hilfe für das Leben. Der Atomstrom ist etwas Gutes; die Gefahr dabei ist, dass Atomenergie auch sehr zerstörerisch eingesetzt werden kann. Das galt aber für die Entdeckung der Elektrizität auch. Darum ist alles eine Frage der Wirkkräfte, also eurer Gedanken, die im Einsatz von Entdeckungen dann im Handeln und Geschehen sichtbar werden können. Denn Zerstörung ist immer eine Folge negativer Gedankenkräfte und Handhabungen der Menschen. Andererseits muss nach jeder Zerstörung auch immer das gestörte Gleichgewicht wieder hergestellt werden, weil es nach jeder Zerstörung einen Neuanfang und ein Umdenken gibt, was die Evolution im Leben in Gang hält. Wie man heute weiß, wussten und erkannten die Menschen die Bewegung der Erde um die Sonne, lange bevor das wissenschaftlich gesichert war. Darum ist es das erste Gebot, die Urenergie als schöpferische Kraft schlechthin anzuerkennen und deutlich zu machen, um die damit verbunden Entdeckungen auch sinnvoll zum Einsatz zu bringen, was leider von Seiten der Wissenschaft noch immer nicht erfolgt, weil diese Atom-Energie im begrenzten dreidimensionalen Modelldenken nicht nachweisbar ist. Erst wenn Radioaktivität als für die Evolution notwendig akzeptiert wird, werden diese neuen Erkenntnisse sinnvoll in neuen Techniken zur Umsetzung kommen können. Dieses engstirnige dreidimensionale Denken wird z.B. deutlich an dem vergeblichen Versuch, die Schöpfung aus den systemimmanenten Gesetzen des Kosmos erklären zu können. Was man auch am unsinnigen Versuch von CERN erkennen kann.

CERN / Riesenflopp oder ein Gedankenkurzschluss ?

Über CERN kann man nicht die Schöpfung ableitend begreifen – mit solchen Prämissen blockieren sich die Wissenschaftler nur selbst, weil sie die Urkraft nicht in ihre Überlegungen einbeziehen. Darum liegen sie auch mit ihren unsinnigen Maßeinheiten völlig im Hintertreffen, und zwar, weil ihnen noch zu sehr schulphysikalische Vorstellungen im Weg stehen. Wenn man z.B. vom Urknall oder von Lichtjahren-Entfernung spricht, ist das blockierender Unsinn. Und genau das ist es doch, was die Evidenz verhindert, die nur über die Annahme der Urenergie erst möglich wird.

Danach wäre die Atombombe nicht nur eine Panne, sondern letztlich eine systemimmanente polare Konsequenz einer jeglichen Entdeckung auf Erden?

Beides – weil die Entscheidungsfreiheit der Menschen für jegliche Anwendung von Entdeckungen gewahrt bleiben muss. Die Erfinder der Atombombe wussten noch nichts von den Folgen ihrer Entdeckung, und insofern handelt es sich dabei für die Menschen um eine Panne, die jetzt zu einer großen Gefahr für die gesamte Menschheit geworden ist. Andererseits fordert so etwas die Menschheit wiederum erneut zu Entscheidungen der Liebe auf, sich solcher Waffen nicht zu bedienen. Die Gefahr liegt bei denen, die ohne Skrupel die Bombe zum Einsatz bringen könnten. Das führt auch immer zu einer weiteren Entwicklung im Bewusstsein der Menschen.

Und das hängt wiederum mit den Veränderungen der „Energiemuster des menschlichen Bewusstseins" zusammen? Was ist das primäre? Oder bedingen sich beide?

Nur das Sich-Bedingen ist dabei wichtig. Die Veränderungen des Bewusstseins der gesamten Menschheit[8] erfolgt allerdings nur sehr langsam, die Nutzung der Energien dagegen erfolgt leider bereits vor der dafür notwendigen Bewusstseinsentwicklung. Zwar kennt man die Atomenergie bereits, aber man weiß noch nichts vom Ursprung ihrer Wirkung. Ursprung ist die Urenergie, welche die einzige transzendente Kraftquelle ist, die zwar niemals als solche erforscht werden kann, deren Wirkungen aber ständig erkennbar sind. Selbst Atome sind alle belebt, was niemand bezweifeln kann, weil diese Energie bereits aus der Kernspaltung bekannt ist. Diese muss jetzt in ihrem Ursprung verfolgt und erforscht werden, was allerdings nur gegeben ist, wenn man diese Kräfte als „Strahlungen einer transzendenten Kraftquelle" versteht; und diese Quelle ist Gott!

Für den Menschen ist sie vorerst nur über ihre Wirkungen erfahrbar; diese sind z.B. in den unterschiedlichen chemischen Vorgängen erforschbar, an denen man die Differenzierungen der Urenergie erfahren und beobachten kann, wobei Messungen allerdings immer erst vorgenommen werden können, wenn bereits der Umwandlungsprozess in den getroffenen Quanten der Materie erfolgt ist. Und das bedeutet: Allein aus der Umwandlung kann die Existenz dieser Urkräfte gefolgert werden. Darum muss zuerst die Vereinigung von Schöpferwille und Geist in der Urenergie anerkannt werden. Der Wille ist der schöpferische Kraftimpuls und zugleich Träger des Bewusstseins, d.h. der Geist ist der Bestimmer. Aus dieser Unwissenheit heraus erfolgen darum auch solche furchtbaren Pannen wie die mit der Atombombe.
Das muss gesagt werden, indem man gedanklich zuerst vom alles umfassenden Universum spricht, in welchem der Kosmos nur der äußerste Teil ist, der seinen wahren Sinn erst durch seine „Stellung" im Universum erhält. Darum muss sich vorerst die Forschung mit sogenannten „Negativversuchen" begnügen – denn nur in solchen Versuchen lässt sich über sogenannte Symptome die Urenergie nachweisen, was ein erster Schritt wäre, den die Menschen bereits mit der Atomspaltung ge-

---

[8] Jean Gebser, „Ursprung und Gegenwart"

gangen sind, aber dennoch nicht wissen, was sie dabei freigesetzt ha-
ben. Die Spaltung ist zwar erfolgt, die Erkenntnis steht aber noch aus.

Das wäre gegenwärtig eher über Laserstrahlen als Kombinationen und
Bündelungen von Energien begreifbar. In dieser Richtung sollte wei-
ter geforscht werden. Ferner müssen die Energien der Elemente selbst
noch besser erforscht werden. Das Wasserstoffatom (Element) ist für
die Zukunft der entscheidende Energieträger, ein Energiebereich, der
bisher noch nicht erforscht worden ist. Aber natürlich nicht Wasser als
mechanische Kraftquelle, sondern so wie in der Wasserstoffbombe. Nur
muss diese Art Energie noch besser genutzt und gesichert werden. Die
Atomwerke arbeiten heute noch zu sehr mit Elementen, die vorerst den
Menschen nicht greifbar sind. Plutonium ist in 1000 Jahren vielleicht
eine wirkliche Energiequelle – heute viel zu gefährlich. Die Atomenergie
selbst ist zwar die einzige Energiequelle, die in den nächsten 100 Jahren
möglich, wobei leider die „Entsorgung" bis dahin nicht schon im Griff
sein wird. Darum mit Wasserstoff arbeiten, weil es da keine gefährli-
chen Rückstände gibt.

Um das zu verstehen, bedarf es also einer Bewusstseinserweite-
rung?

Ja, nur darauf könnte die Menschheit noch sehr lange warten. Denn
die jetzige Aufgabe ist es, sich endlich dieser Bewusstseinserweiterung
zu öffnen, indem die Menschen die unseligen „Ego-Blockaden" wegräu-
men. Darum erfolgten am Ende des gegenwärtigen Äons doch auch in
so vielen Bereichen Zerstörungen (Kriege des 20. Jh. und folgende Ka-
tastrophen), um diese Hindernisse gewaltsam aus dem Weg zu räumen
und zu zerstören – nur leider errichten die Menschen neue Bewusst-
seinsblockaden schneller, als durch Zerstörungen Freiräume geschaffen
werden können.

Das Verstehen dieser Energieprozesse erfolgt nur über ein Sich-
Öffnen zum höheren Bewusstsein, d.h. über den Empfang höherer
Frequenzen?

Dieses Neue Bewusstsein ist für den Menschen der einzige Zugang,
weil jede erkennbare Wirkung eine Ursache hat, der immer ein Ge-
danke (Idee) zu Grunde liegt, und das bedeutet: Die Einheit von
Materie und Geist. Es ist das prinzipielle Problem zwischen gedank-

licher Vorstellung und manifester Beobachtung. – Denn was nicht mehr greifbar und messbar ist, was man nicht sinnenhaft erfassen kann, ist eben auch nicht mehr materiell vorstellbar. Aristoteles sagt: Gott ist reiner Geist, ist reines Denken ... Er ist der Denker des Denkens. – Denken, Wille, Leben: alles ist nicht fassbar. Darum: Um das zu begreifen muss man zuerst die Vereinigung von Geist und Wille anerkennen! Der Wille ist einerseits jener erste Kraftimpuls und andererseits auch der Träger des Bewusstseins. Dabei ist es wichtig, die Wahl der Bestimmung im Geist von der Wirkung der manifesten Bestimmung zu unterscheiden. Zuerst muss der Willensimpuls eine Richtung und ein Ziel erfahren, wovon dann erst die Wirkung abhängig ist. Richtung ist immer an das Ziel gebunden, um einem schöpferischen Willensimpuls eine Richtung zu geben, die dann durch den Geist als Bestimmung ihre Bedeutung erhält, was wiederum ständig nur über eine Wechselwirkung von Geist und Wille erfolgt, wobei Geist Bestimmung und Wille Impuls ist. Anders ausgedrückt: Der Geist ist der Bestimmer und der Wille der Impuls, die sich beide in der Substanz manifestieren. Diese Wechselwirkung ist als Spannung jene „Unschärferelation", die das Leben selbst ausmacht.

Denn alle gedanklichen Übertragungen erfolgen über morphogenetische Eingaben. Nur bedingen diese gedanklichen Übertragungen normalerweise bei den meisten Menschen einen langen Lernprozess, der über pädagogische Bemühungen punktuell und zeitlich auseinandergezogen ist und über Wahrnehmen, Erkennen, Erfahrung, Verstehen und mühsames begreifendes Umsetzen sich vollzieht. Morphogenetische Eingaben im engeren Sinne erfolgen dagegen holographisch und gleichzeitig über energetische Bewusstseinsfelder. Dieser Vorgang wird als Evidenz erlebt und im allgemeinen als „genial" bezeichnet und erfolgt über ein ganzheitliches Bewusstsein ähnlich der Telepathie, in der auch Begriffe, Bedeutungen und Bilder ganzheitlich übertragen werden.

Solche morphogenetischen Eingaben werden gegenwärtig nur von Menschen empfangen, die bereits dafür eine Bereitschaft oder Disposition entwickelt haben. Dass es nur wenigen Menschen widerfährt, folgt aus einem gewissen Schutz heraus, denn solche evidenten „Einbrüche" sind oft sehr gewaltsam, und es besteht immer dabei die Gefahr, es nicht verkraften zu können und „überzuschnappen". Andererseits unterliegen solche Eingaben sehr häufig auch Missver-

ständnissen, deren Auswirkungen oft Schaden anrichten (Propheti-
en, Messiasvisionen,). Das ist der Grund, warum nur wenige Menschen dafür prädestiniert sind, deren Aufgabe es ist, solche brisanten
Durchsagen zu empfangen, um diese dann „gefiltert" über eine Art
„geheimer Pädagogik" (morphogenetische Felder) weiterzuleiten. Das
erscheint für die Betroffenen selbst oft sehr mühsam, weil dieser Prozess nur auf Langzeitwirkungen abgestimmt und daher nicht sofort
an Wirkungen erkennbar ist. Das meinte in diesem Zusammenhang
auch Hildegard von Bingen, wenn sie die „Geduld als Grünkraft im
Leben" bezeichnete.

Elektrizität

Elektrizität *(nach Wikipedia)*

ELEKTRIZITÄT (von griechisch *ἤλεκτρον* ēlektron „Bernstein") ist der Oberbegriff für alle Phänomene, die ihre Ursache entweder in ruhender elektrischer Ladung oder bewegter Ladung (Ströme) sowie deren elektrischen und magnetischen Feldern haben. Mittels Elektrizität wird elektrische Energie gewandelt. Die Träger der elektrischen Ladung sind negativ geladene Elektronen und Anionen und positiv geladene Protonen und Kationen. Gleichnamige Ladungen stoßen sich ab, ungleichnamige Ladungen ziehen einander an. Die Kraft, die auf Ladungen gleichen Vorzeichens wirkt, wird als Abstoßung bezeichnet, die Kraft auf Ladungen mit entgegengesetzten Vorzeichen als Anziehung. Wegen der Wechselwirkungskräfte kommt der Elektrizität auch eine Bedeutung als Energieträger zu. Elektrische Ladungen sind die Quellen des elektrischen Feldes, bewegte Ladungen die Ursache für magnetische Felder.

Elektromagnetische Wellen (wie z. B. Licht) sind Erregungen des elektromagnetischen Feldes und können sich nach Entstehung unabhängig von Ladungsträgern im Raum (als Photonen) ausbreiten, d. h. fortbewegen, und zwar wechselwirkend auch mit Materie. Bewegung elektrischer Ladung findet in elektrischen Leitern durch Bewegung freier Elektronen und in Flüssigkeiten durch Ionenbewegung statt. Bei den Festkörpern unterscheidet man zwischen Leitern, Nichtleitern und Halbleitern.[9]

---

[9] Unter einem Halbleiter versteht man einen Festkörper, den man hinsichtlich seiner elektrischen Leitfähigkeit sowohl als Leiter als auch als Nichtleiter betrachten kann. Halbleiter können verschiedene chemische Strukturen besitzen. So unterscheidet man zwischen Elementhalbleitern (aufgebaut aus einem einzigen Element) und Verbindungshalbleiter[1] (und hierbei speziell auch noch die organischen Halbleiter). Beispiele sind im Abschnitt „Verschiedene Halbleiter" genannt. Die Leitfähigkeit ist stark temperaturabhängig. In der Nähe des absoluten Temperaturnullpunkts sind Halbleiter Isolatoren. Bei Raumtemperatur sind sie je nach materialspezifischem Abstand von Leitungs- und Valenzband leitend oder nichtleitend. Die elektrische Leitfähigkeit von Halbleitern nimmt mit steigender Temperatur zu, sie gehören damit zu den Heißleitern. Bedeutung haben Halbleiter für die Elektrotechnik und insbesondere für die Elektronik, hierbei kann ihre Leitfähigkeit durch Anlegen einer Steuerspannung oder eines Steuerstroms (wie z. B. beim Transistor) an geeignete Strukturen verändert werden oder sie weisen eine richtungsabhängige Leitfähigkeit auf (Diode, Gleichrichter).

ⓓ Gibt es einen Unterschied von Elektrizität und Energie – dasselbe?

Nein, nicht dasselbe; allerdings ließ sich Energie bisher nur als elektromagnetische Energie und somit als physikalische Größe darstellen – jedoch schon in der Radioaktivität hört der physikalisch messbare Bereich auf, was man aber nicht auseinander dividieren darf: Energien an sich sind lediglich Impulse, doch treten sie niemals allein auf, sondern sind im Kosmos immer an Substanz gebunden und treten nur als Wirkungen in Erscheinung.

Urenergie ist das Urfeuer im Zentrum und besteht aus drei Aspekten (Trinität). Jeder dieser drei Aspekte des Einen Feuers, das als Schöpferisches Feuer, Erhaltendes Feuer und Zerstörendes Feuer in Erscheinung tritt, ist im Kosmos auch als ein elektrisches Phänomen zu betrachten, und wird als **Licht, Flamme und Wärme** wahrgenommen oder kommt als **Elektrizität** (Impuls, Bewegung), **Strahlung** (Wirkung), **Schwingung** (Frequenz) zum Ausdruck.

1. Elektrizität als Schwingungsimpuls

Elektrizität als primärer Faktor erweist sich in der Schöpfung als „Wille zum Dasein" und als erster Aspekt jener Kraft, die im Kosmos zu objektivem Dasein führt. Es ist jener schöpferische urenergetische Impuls, der von der spirituellen Hierarchie ausgehend mit dem kosmischen Äther in Berührung tritt, um als elektromagnetische Kraft alle Atome der Materie im Kosmos in Schwingung zu versetzen, mit einem Wort: zu beleben. Diese Kraft bestimmt ferner die allen Sphären innewohnende Hitze, welche einerseits die Absonderung aller Atome voneinander verursacht und andererseits die Anhäufung von Materie im grobstofflichen Kosmos und deren Bewegungen im jeweiligen solaren Grenzring bewirkt. Und das ist:

2. Elektrizität in der Substanz

Für den Kosmos wird die primäre Elektrizität zum „Reibungsfeuer", was den Äther zur „energetischen Substanz" umwandelt, um eine immer größere Verdichtung zu ermöglichen. Wir sprechen jetzt von Materie, deren Erscheinungen es mit Zeit, Raum und verschiedenen Polaritäten zu tun haben. Elektrizität erweist sich im Kosmos somit als erste materielle Manifestation oder als das, was Formen zur Kohäsion bringt. Sie ist die Elektrizität, die Formen oder Atomverbindungen und deren Wirkungen hervorruft: es ist die gegenseitige elektro-magnetische Beeinflussung als Synthese aller Gestalten.[10] Dabei verschmelzen das „Reibungsfeuer" und das spirituelle Feuer des Geistes als Strahlungs-Elektrizität, wodurch Gestalt und Form sich als Umhüllung der schöpferischen Essenz manifestieren,[11] indem je nach Lenkung der Energie sich diese Krafteinheiten innerhalb dieser ätherischen Hülle über das Reibungsfeuer zu Manifestationen ansammeln. In höheren Bewusstseinsdimensionen, wo alle „Reibung" wegfällt, handelt es sich beim primären Faktor um ein rein virtuelles Feuer als pure Energie: es handelt sich dabei um jene schon so oft genannte Urenergie, die im Kosmos weder sichtbar noch messbar ist, weil das alle Maßvorstellungen weit überschreiten würde. Diese Urenergie ist bereits über die Röntgenstrahlen im Kosmos erfahrbar, und als Radioaktivität in allen Atomspaltungen schon praktizierbar, was allerdings nicht bedeutet, dass sie auch schon verstehbar und beherrschbar ist.

3. Radioaktive Elektrizität

Diese Koppelung von Impuls, Substanz und Idee erfolgt über radioaktive Elektrizität. Insofern kann man nicht mehr nur von elektrischer Energie sprechen, sondern von STRAHLEN, die für das Entstehen aller materiellen Manifestationen sowie für deren Wiederauflösung verantwortlich sind. Diese radioaktive Strahlung verwandelt als schöpferische Urenergie alle Gestalten um, wird aber in ihren Auswirkungen im Kosmos eher als zerstörerische Kraft erlebt und wahrgenommen, was eine menschlich bedingte einseitige Wahrnehmung ist, weil der gesamte schöpferische Evolutionsprozess immer nur als Ergebnis und nicht als sich permanente Umwandlung einer Entwicklung erlebt und wahrgenommen wird. Prinzipiell bestimmen im Kosmos elektro-magnetische Strahlungen als sich ergänzende Energien in allen Manifestationen deren Aufbau wie auch deren Auflösung, denn alle Manifestationen sind immer auch das schöpferische Ergebnis von Strahlen, aber auch der sichtbare und fühlbare Effekt einer Umwandlung derselben. Diese Urenergie bewirkt alle Bewegungen im Universum, indem sie immer dann wirksam wird, wenn eine Weiterentwicklung ansteht, deren Bestimmung allein über Strahlen erfolgt, die sich der Urenergie als Impuls bedienen.

---

[10] Wilhelm Reich spricht in diesem Zusammenhang von Bioelektrizität und hat damit etwas wieder entdeckt, was schon die Ägypter kannten: Den biologischen Energietransfer.
[11] In diesem Zusammenhang spricht man in den Naturwissenschaften von einer „Umhüllung" der Galaxien, die durch Reibung schwerer Elemente zu millionengrad heißen Röntgenstrahlen angeregt wird. Eine Art Reibung gewisser schnelle kosmischen Wolken – es handelt sich sicher dabei um die Urenergie?

Diese drei „Feuer" göttlichen Lebens könnte man als Exponenten (Reprä-sentanten) der Trinität aller Manifestation in der Schöpfung bezeichnen. Erstens die objektive oder greifbare Welt im Kosmos; zweitens die subjek-tiven Welten oder Gestaltungen der Form; und drittens der geistige As-pekt, der die Essenz oder das Wesen einer Gestaltung ausmacht. Immer, wenn die „drei Feuer" im Entwicklungsprozess an bestimmten „Sphären aufflammen", dann verschmelzen und vereinigen sich das „Reibungsfeuer", das die rotierende Bewegung hervorbringt, und das „spirituelle Feuer", das der spiral-zyklischen Wirkungsweise zugrunde liegt, und erzeugen eine aufbauende oder abbauende Veränderung. Denn im schöpferischen Evolu-tions-Prozess liegt das Endziel jeder größeren Spiralbewegung darin, dass das geringere Gebilde seine Essenz in dasjenige der größeren, es umgeben-den Sphäre ausdehnt, wohin das bisher eingekerkerte Leben „entweichen" kann. Es geht quasi im größeren Ganzen auf.

Das Mysterium der Elektrizität

(nach Alice Bailey)

„Es sind drei elektrische Kräfte, drei Hauptströme, die es mit der atomaren Substanz zu tun haben, aus der alle Formen erbaut sind. Das „Mysterium" dieser dreifachen Art von Elektrizität ist jene elementare „Essenz", die das Geheimnis dessen enthält, was allem objektiven Dasein zugrunde liegt und zugleich dessen Gerüst bildet."

Dieses „Mysterium der Elektrizität" bildet die Grundlage aller Manifestationen und den „spirituellen Hintergrund" aller Evolution. Vom Physischen aus gesehen ist diese Strahlkraft das, was der Materie Energie verleiht. Vom psychischen Aspekt aus ist sie das, was ihr Qualität verleiht. Hinsichtlich der Evolution von Grundplan zu Grundplan, von Kette zu Kette, und von Globus zu Globus zirkuliert diese Kraft oder Qualität im Universum, wobei sie in der permanenten Umwandlung allen Daseins etwas hinzufügt und gleichzeitig etwas wegnimmt; und wenn sie zu ihrem Ursprung zurückkehrt, hat sie sich in folgender zweifacher Weise verändert: Alle potentiellen Anlagen liegen in der belebenden, energieverleihenden Kraft von Wille und Geist als Fähigkeit anzuregen und voranzustreben: das ist das Leben selbst und die treibende Kraft in der manifesten und substantiellen Evolution. Diese bietet wiederum die Voraussetzung für alle umzuwandelnden Wirkungen der subjektiven psychischen Entfaltung des Bewusstseins, wobei es sich dann nicht mehr um die Evolution der Substanz handelt, sondern um die sich entfaltende Transparenz und Höherpotenzierung des Bewusstseins selbst. Es ist ewige Duplizität von Reaktionen und Wirkungen, weil jeder Gestaltung ein Impuls zur Weitergestaltung innewohnt. Durch unendlich viele Kombinationsmöglichkeiten ergeben sich dann auch unendlich viele Gestaltungs- und Wirkungskräfte. In diesem universalen Prozess ergibt sich Folgendes: Energie als Elektrizität wirkt als Strahlung und stellt sich im Kosmos als Schwingung dar. Es ist die Kraftquelle der Energie im Urstrahl, die als geeinte Identität in der Materie (Substanz) einer Bewusstseinsebene zum Ausdruck kommt.

Diese primäre schöpferische Willensenergie ist eine radioaktive elektrische Kraft, die vom Zentrum ausströmend und im Kosmos vom Atom ausgehend den weiteren Prozess der Evolution primär positiv aufbauend gestaltet. In einer unendlichen evolutionären Kette von Monaden erreicht diese Energie dabei ständig in allen „begrenzten Monaden "quasi eine Endbedeutung, wobei ihre Essenz in die Gestaltung immer höher dimensionierter

Gestalten hineingezogen wird, was über magnetische, empfangende und anziehend-negative Elektrizität erfolgt. Dabei wird in der jeweils neuen Position diese Energie wieder in den positiven Impuls eines weiteren und übergeordneten Formaufbaus umgewandelt. Die umgewandelte „Urenergie" ist dabei immer der ätherisch-spirituelle Gestaltaspekt, und dient der jeweils neuen Form als formale Matrize in einer Substanz. Dieses elektrische Wechselspiel zwischen zwei Einheiten verursacht jenes schöpferische „Licht" (quasi Photonen in allen Gebilden), wodurch manifeste Objektivität entsteht. Dabei erweist sich während der Evolution im Kosmos Elektrizität als Hitze und magnetische Wechselwirkung und ist die Quelle allen lebendigen Wachstums. Bei jeder Umwandlung flammt quasi das „atomare Licht" auf und durchstrahlt den Kausalkörper; darauf folgt Auflösung oder Entweichen der Essenz: der Kausalkörper verschwindet im Auflodern des elektrischen Feuers, um in einer höheren Manifestation Gestalt anzunehmen oder „wieder geboren" zu werden, um darin wieder als positiv elektrischer Impuls erneut zu wirken.

Im gesamten Universum ist alles in einem ständigen Wandel von Energie und Formgestaltung sichtbarer Phänomene begriffen, wobei sich diese wieder in die ihnen zugrunde liegende Energie „auflösen", um zu neuen Gestaltungen zu drängen.[12] Ein ewiger Kreislauf, der im Kosmos z.B. in einer Supernova und dem Verglühen ganzer Galaxien wahrnehmbar ist. Nach einer vom Geistigen ausgehenden Entwicklung hin zur Materieverdichtung kehrt sich dieser Prozess um, um wieder in umgekehrter Folge zum Geist hin aufgelöst zu werden – „Halbzeit der Evolution" nach Ken Wilber. Auch Krause sah den „Materiezerfall" richtig als spirituelle Energieumwandlung; denn alle Materie löst sich wieder in ihre Urenergie auf.

---

[12] Auch im Taoismus herrschte die Auffassung, das Universum durchlaufe abwechselnd Zyklen des Aufbaus und der Auflösung.

Frequenzen

Frequenzen / Schwingungen / Strahlen
(nach Wikipedia)

Mit **Frequenz** (lat. *frequentia*, Häufigkeit), Formelzeichen f (technisch) und v (ny, physikalisch), bezeichnet man die Anzahl von Ereignissen innerhalb eines bestimmten Zeitraums. Meist sind diese regelmäßig wiederholte Ereignisse, also Ereignisse mit festem Zeitabstand voneinander, der sogn. Periode oder Schwingungsdauer. Die Frequenz ist der Kehrwert der Periode. Ihre Dimension ist $1/$Zeit.

Streng sinusförmige Schwingungen kommen in der Natur nicht vor. Dieses ist nicht nur in der Wellenform der Schwingung begründet, sondern auch in der zeitlichen Begrenztheit des Schwingungsvorgangs. Eine mathematisch exakte Sinuswelle wäre zeitlich unbegrenzt, damit wäre ihr Energieinhalt unendlich.

Jeder zeitlich begrenzte Schwingungsvorgang, selbst wenn er die Form einer Sinuskurve hat, ist immer eine Überlagerung mehrerer Frequenzen. Diese können in einem Frequenzspektrum dargestellt werden. Ein physikalisch realistischer Schwingungsvorgang besteht aus einem Gemisch unendlich vieler Frequenzen mit jeweils infinitesimalen Anteilen der Einzelfrequenzen. Mathematisch kann man Frequenzen deshalb als Einheitsvektoren eines Vektorraums auffassen, die selbst nicht mehr Elemente dieses Vektorraumes sind.

(D) *Elektrische wechselseitige Schwingungen finden immer in der Substanz statt, in der die Energie schwingt, weil die Kraftentfaltung immer auch von der Substanz mit abhängt. Diese Spannung ist das Wirkungsquantum (s.S.21), das zugleich einen „Schlüssel" für den Effekt einer Frequenz darstellt.[13]*

Insofern kann man beim Wirkungsquantum nicht mehr nur von Energie sprechen, sondern von STRAHLEN, und die sind es, die ins Gespräch gebracht werden müssen. Denn jede Schwingung eines Strahls ist immer eine differenzierte Bündelung der drei Grundenergien (Wille, Liebe, Geist) wie in einem Laser.[14]

Durch die daraus entstehenden unendlich vielen Kombinationsmöglichkeiten ergeben sich unendlich viele Gestaltungs- und Wirkungskräfte in einer permanenten Evolution. Und all das geschieht unter dem Gesetz einer „begrenzten Ausdehnung" im Kosmos durch ein spiralförmiges Fortschreiten als zyklisches Wachstum in einer scheinbar permanent kreisenden Wiederholung im Kosmos, „....vorausgesetzt, der Kosmos sei ein endlicher Raum auch hinsichtlich der Variationsbreite der Geschwindigkeit aller Teilchen", was aber nicht zutrifft und weshalb eine solche Wiederholung nach der klassischen Relativitätstheorie niemals stattfinden kann![15]

Wer oder was bestimmt dabei die jeweiligen Frequenzen?

Natürlich der jeweils dafür zuständige Substanzträger, denn innerhalb der Schöpfung gibt es nichts ohne Substanz, wobei der Geist (das Allbewusstsein) die ewige Verbindung im Urstrahl ist, die zusammen mit der Urenergie als Kraft immer mitwirkt. Denn allein schon die Erschaffung der Substanz impliziert eine jeweilige Schwingungsverdichtung. Und das sind die sich verändernden „Feuer" der Urenergiestrahlungen,

---

[13] In der Wellenfunktion steckt die gesamte Physik. In Wirklichkeit sind die Gesetze der Physik als solche völlig überflüssig, denn sie sind in der Wellenfunktion codiert. Frank Tipler, „Die Physik der Unsterblichkeit", S. 225

[14] Laser sind Strahlungsquellen, deren Gemeinsamkeit im Entstehungsprozess der Strahlung liegt, nämlich in der so genannten stimulierten Emission. Sie stellen im Prinzip einen rückgekoppelten Verstärker für die Strahlung dar. Die Verstärkung wird in einem Medium wie einem Kristall, einem Gas oder einer Flüssigkeit erreicht, welchem Energie zugeführt wird. Laser gibt es für Strahlungen in verschiedenen Bereichen des elektromagnetischen Spektrums: von Mikrowellen, über Infrarot, sichtbares Licht, Ultraviolett, bis hin zu Röntgenstrahlung

[15] D. h. die jetzt zwischen den Feldern bestehenden Beziehungen werden sich nie wiederholen. Frank Tipler; „Die Physik der Unsterblichkeit", S.213

---

die in jeder tieferen Ebene eine andere der jeweiligen Verdichtung ge-
mäße Einfärbung annehmen. Es ist eine Duplizität in den Reaktionen:
Der Strahl sinkt tiefer in der Hierarchie, und gleichzeitig verändern sich
beim Eindringen die Schwingungen, so dass ständig neue Bedingungen
entstehen.

Strahlen

Strahlung
(nach Wikipedia)

Der Begriff Strahlung bezeichnet in der Physik die Ausbreitung von Teilchen oder Wellen. Im ersten Fall spricht man von Korpusokularstrahlung
oder Teilchenstrahlung, im zweiten von Wellenstrahlung. Strahlung
transportiert dabei einerseits richtungsbestimmte Energie als Impuls
und andererseits werden auch Strahlungsteilchen transportiert, wenn
diese Masse oder Ladung besitzen. Teilchenstrahlung und Korpusokularstrahlung werden manchmal als Oberbegriffe für Strahlung verwendet, deren Bestandteile eine von Null verschiedene Masse haben. Einige
Autoren bezeichnen jedoch auch Gammastrahlung, die zur elektromagnetischen Strahlung zählt und damit masselos ist, als Teilchenstrahlung. Allerdings können z.B. zwei Körper von gleicher Temperatur einander gleich viel Energie pro Zeiteinheit zustrahlen, so dass „netto" kein
Transport stattfindet (Strahlungsgleichgewicht). Trifft ferner die Strahlung auf ein Hindernis, wird sie entweder absorbiert (umgewandelt),
unbeeinflusst transmittiert (hindurchgelassen), gestreut oder reflektiert
(zurückgeworfen) – man spricht dann auch von Remission.

Ferner unterscheidet man Strahlung nach ihren Bestandteilen, nach ihrer Quelle oder nach ihrer Wirkung.

Elektromagnetische Wellen bestehen aus Photonen. Elektromagnetische Wellen mit kurzer Wellenlänge, also hoher Photonenenergie; diese werden im Sprachgebrauch häufig als elektromagnetische Strahlung
bezeichnet, etwa als Röntgenstrahlung, Bremsstrahlung, UV-Strah-

lung, Wärmestrahlung oder Infrarotstrahlung. Im langwelligen Bereich spricht man eher von Wellen, etwa Radiowellen.

Teilchenstrahlung unterscheidet man nach der Sorte der Teilchen, aus denen sie besteht, beispielsweise Alphastrahlung (α-Teilchen), Betastrahlung (Elektronen oder Positronen) oder Neutronenstrahlung.

Strahlung aus dem Weltraum unterscheidet man nach ihrer Quelle in Sonnenstrahlung, kosmische Strahlung, Hintergrundstrahlung und Hawking-Strahlung. Strahlung, die von radioaktiven Stoffen ausgeht, wird häufig als radioaktive Strahlung bezeichnet, obwohl nicht die Strahlung radioaktiv ist, sondern der emittierende Stoff. Die Strahlung aufgrund der natürlichen Radioaktivität der Erde heißt terrestrische Strahlung.

Ist die Energie der Strahlungsteilchen so hoch, dass sie aus Atomen oder Molekülen Elektronen entfernen kann, wird die Strahlung als ionisierende Strahlung bezeichnet. Elektromagnetische Wellen in diesem Energiebereich geben oft beim ersten Stoß einen Großteil ihrer Energie ab. Für die Energie- und Materialabhängigkeit siehe Massenschwächungskoeffizient. Geladene Teilchen hoher Energie geben diese beim Durchgang durch Materie in vielen kleinen Portionen ab.

Urenergie wirkt also im Kosmos über Strahlung und stellt sich über Frequenzen dar. Strahlen sind bereits transponierte Energien, die seit dem Altertum in allen Kulturen z.B. in der Astrologie als „Einflussenergien" verstanden wurden. Gegenwärtig geht es der Wissenschaft mehr darum, die objektiv-materiellen „Hüllen" im Kosmos zu erforschen, was leider gar nichts bringt, anstatt die Einflüsse und Wirkungen der Energien über die „Hüllen" (Stoff) zu ergründen, was durchaus gegenwärtig schon möglich wäre. Immerhin findet das Strahlungsgesetz bei wissenschaftlichen Forschern allmählich Anerkennung, seitdem sie die Radioaktivität gewisser Substanzen festgestellt haben, demzufolge alle Substanzen auf einer gewissen Stufe ihrer Evolution auszustrahlen (ionisierende Strahlung) beginnen. Auch in der Lichtanalyse werden schon die unterschiedlichen Energien gemessen, was man weiter vervollkommnen sollte, vor allem die unterschiedlichen Wellen im Lichtspektrum.

Energie-Strahlen sind als „Urenergie" im Universum in ständig zirkulierender Bewegung und zugleich der Ausdruck eines fortschreitenden zyklischen Geschehens von zunehmender Intensität. Denn Strahlen sind nicht nur Kanäle, durch die alles SEIN flutet, sondern auch als Einflusskräfte zu verstehen, die in einem rhythmischen Wechsel an der Schöpfung „mitarbeiten". Auf diese Weise vibriert alles im Universum in dessen jeweiligen Bewusstseinsbereichen sowie in allen strukturierten Systemen in unterschiedlichen Schwingungsfrequenzen; und zwar vom Atom bis hin zur Galaxie im Kosmos, wodurch Geist und Substanz im Kosmos in einen gegenseitigen Kraftaustausch gerieten, ein Prozess, der schließlich zum SEIN führte. Dieser große „Krafterguss" durchtränkt die kosmische Substanz mit Lebenskräften Das ist der „göttliche Funke", der aus dem höchsten Schöpfungsprinzip stammt und potentiell alle Strahlenkräfte in sich vereint. Denn über diese Bewusstseinstransformationen wird die gesamte Schöpfung erstellt. Heisenberg spricht in diesem Zusammenhang von der hintergründigen „Potentia" als einem Kraftbereich außerhalb von Raum und Zeit, einem transzendenten Wirkungsbereich oder „Quantenraum", in dem die Ideen („Quantenwellen") darin wie die Platonischen Archetypen im transzendenten Bereich des Bewusstseins prä-existieren.

Es handelt sich dabei immer um „Strahlung der Essenz", die über radioaktive Energie in einer begrenzten Monade eine Stimulierung bewirken und über den Grenzring einer Monade und somit deren eigener Peripherie hinauszustrahlen, was immer dann eintritt, wenn die interne Aktivität der monadischen Form eine so hohe Schwingungsfrequenz erreicht hat, dass die „äußeren Schranken" die Form nicht länger gefangen zu halten vermögen, sondern die „subjektive Essenz" entweichen lassen. In diesem Prozess treffen also das „Reibungsfeuer" der elektrifizierten Materie und das elektrische Feuer des Geistes aufeinander und verschmelzen, wobei einerseits Form in Erscheinung treten kann, aber andererseits über das gerichtete Bewusstsein im Prozess der evolutionären Umwandlung in seine ursprüngliche Strahlung zurückverwandelt wird. Dynamisch-elektrische Manifestation wird als quasi physische Elektrizität von der Spiritualität des Geistes durchdrungen, welche die Materie im Kosmos belebt, färbt und sich als vitale Hitze, Aktivität und Strahlung auswirkt.

Die von der Urmonade (Trinität) ausgehende **Urenergie** ist Ausgangspunkt und Zielpunkt aller Gestaltungsprozesse im Universum, um die teleologische Dynamik der Urenergie sämtlicher Gestaltungsprozesse und damit verbundenen Zustandsveränderungen in Gang zu setzen und zu halten. Im Kosmos tritt die Urenergie aktuell in zwei polaren Erscheinungsformen auf: als positiv geladene elektrische Strahlung und als negativ geladene elektro-magnetische Strahlung. Alle gestaltbildenden Prozesse werden nun über den Antagonismus von positiv elektrischer Energie (Gestaltungswillen) und der negativ magnetischen Anziehung durch die zu gestaltende Substanz gesteuert. Der Aufbau einer strukturellen Einheit geht also über die positiv elektrische Energie als gestaltenden Willen, der sich aber nur durch Verschmelzung mit seinem Gegenpol, der magnetisch anziehenden Substanz, manifestieren kann. Am Anfang steht der Impuls der Urenergie als der WILLE zu erschaffen. Dieser positiv zeugende Urimpuls wird in Gemeinschaft mit dem GEIST als Ideenträger und planendem Bewusstsein und mit der damit verbundenen anziehenden negativ-empfangenden elektromagnetischen Strahlung der SUBSTANZ gestaltend wirksam. Dabei empfängt die Substanz über den Willensimpuls ihre Erschaffung und ihre gleichzeitige Bestimmung durch den damit verbundenen Geist (Ideen) sowie über die gestaltgebende Instanz der Liebe, über deren negativ-empfangende elektromagnetische Anziehungskraft Gestalt, Struktur, Bedeutung und Sinn.

Das Gesetz der Strahlung

Es existiert nur eine einzige Lebensquelle allen SEINS: Der Urstrahl. Alles SEIN besteht aus **Leben, Qualität und Erscheinung oder Geist, Seele und Körper.** Alle Seinsäußerungen sind ausgestattet mit der Fähigkeit zum Wachstum und tätiger Bewegung in voller Übereinstimmung mit dem primären Schöpfungsplan, der vor dem SEIN in den Ideen (**Allbewusstsein**) verankert ist und dessen innere Natur **Bewusstheit** ist, die im Menschen in seiner „Ebenbildlichkeit" evident wird. Diese primäre Impulskraft ist die erste Ursache des schöpferischen Willens und bewirkt als Radioaktivität alle Bewegungen im Universum. Dabei ist weiterhin zu beachten:

1. Dass obige Schlussfolgerungen sich auf den Energiekörper beziehen und dass man dem der Form zugrunde liegenden subjektiven Leben die höchste Bedeutung beimessen muss.

2. Dass die dichte objektive Manifestation überhaupt nicht als ein Prinzip betrachtet werden darf, weil sie in einem Evolutionsprozess verwandelbar und nur Resultat einer inneren Gestalt ist.

3. Strahlung ist der sichtbare und fühlbare Effekt der Urenergie in allen Dimensionen, die als Endergebnis aller Bewegungen immer dann wirksam werden, um eine weitere Höherpotenzierung zu ermöglichen. Denn alle Bestimmung erfolgt immer über Strahlen, die sich als Träger der Energien bedienen.

4. In diesem Evolutionsprozess gibt es gewisse Brennpunkte von Energie, welche im Lauf der Äonen die atomare Substanz, aus der sich alle geschöpflichen Manifestationen zusammensetzen, auf eine Entwicklungsstufe bringen, wo sie radioaktiv werden und „Befreiung" erstreben; damit ist die immanente Fähigkeit (Bewusstsein) irgendeines Atoms gemeint, aus der Sphäre einer bestimmten Energiebeeinflussung in eine andere Sphäre von höherer Schwingungsfrequenz überzugehen, in der das „bewusste Gewahrsein" einen größeren Spielraum hat. Und zwar erfolgt das immer dann, wenn ein Teil-Abschnitt seinen vollkommenen Abschluss gefunden hat und sich dadurch in einem „partiellen Endzustand" befindet. Dabei erfolgt (aktualisiert) über eine negativ-magnetische Anziehungskraft von übergeordneten höher-dimensionierten Gebilden durch Radioaktivität eine Art Einverleiben der teilvollendeten Gebilde in einen integrierenden Verbund höherer Ordnung, um dort wieder erneut als positiver elektrischer Impuls für den Aufbau weiterer übergeordneter Formen zum Einsatz zu kommen.

Dabei wird eine Monade[16] niederer Ordnung (z.B. ein Atom) von einer morphogenetisch vorgeprägten (noch virtuellen) Monade nächsthöherer Ordnung (z.B. einem Molekül) magnetisch angezogen, so dass sie dieser Einheit höherer Ordnung zustrebt. In gleicher Weise strebt das Molekül wieder einer übergeordneten genetischen Einheit als seiner höheren Sinngestalt zu (beispielsweise dem Zusammenschluss zu einem bereits sehr differenzierten organischen Molekül) usw.

Aus diesem Strukturprinzip leitet sich die Erfahrungstatsache ab, dass es für alle Gestaltungen eine Zeit des Heranwachsens, eine Zeit der Erfüllung und eine Zeit der Auflösung bzw. des Aufgehens in einem Neuen gibt. Interessant ist auch der Energieaspekt dieser morphogenetischen Regelmäßigkeit: Im Aufbau einer **Sinngestalt** ist die negativ anziehende ma-

---

[16] Monade = in sich geschlossnes Ergebnis eines gestaltbildenden Prozesses. Es bildet eine Einheit höherer Ordnung und ist insofern mehr als die Summe ihrer Teile.

gnetische Kraft wirksam; die erfüllte Sinngestalt wird von der Urenergie (radioaktiv) durchstrahlt; und schließlich werden überlebte Sinngestalten von der positiv elektrischen Kraft wieder aufgelöst, indem sie immer dann wirksam wird, wenn eine „Phase" für eine Höherpotenzierung reif ist, um eine Weiterentwicklung zu ermöglichen.

Somit ist die radioaktive Strahlung die von allen Manifestationen hervorgebrachte offensichtliche Wirkung, die dann eintritt, wenn die interne Aktivität dieser Formen eine so hohe Schwingungsfrequenz erreicht hat, dass die begrenzenden Schranken die Form nicht länger gefangen zu halten vermögen, sondern die subjektive Essenz entweichen lassen; das ist das Kennzeichen dafür, dass im Evolutionsprozess eine ganz bestimmte Stufe erreicht wurde,

Zusammenfassung

Die primäre Impulskraft (Urenergie) ist die erste Ursache des schöpferischen Willens. Als Radioaktivität bewirkt diese Urenergie alle Bewegungen im Universum, indem sie immer dann wirksam wird, wenn eine „Phase" für eine Höherpotenzierung reif ist, um eine Weiterentwicklung zu ermöglichen, deren Bestimmung allein über Bewusstseins-Strahlen der lebensspendende Einfluss im Kosmos ist, der über die jeweiligen Magnetfelder geht, die für W. Reich die „Empfangsbereiche" für alle Strahlungen darstellen.[17]

Man wird aber erst dann der Wahrheit näherkommen und das wahre Wesen aller elektrischen Erscheinungen und Wirkungen verstehen lernen, „wenn" die Wissenschaft den energetischen Aspekt der „Substanz" zu erforschen beginnt. Erst dann, und nicht eher, wird der Mensch auch die ELEKTRIZITÄT wirklich in seinen Dienst stellen können, um sie als Einheit und nicht bloß, wie heute, in einem ihrer Aspekte nutzbar zu machen; denn bislang ist die „negative Elektrizität" des Planeten das einzige, was man davon für kommerzielle Zwecke entdeckt hat und nutzt – wobei „negativ" immer im Verhältnis zur radioaktiven (spirituellen, positiven) Elektrizität zu verstehen ist. Wenn der Mensch erst einmal entdeckt hat, wie sich „positive Elektrizität" in Verbindung mit „negativer planetarischer Elektrizität" verwenden lässt, wird auch eine wirkliche Entwicklung im Be-

[17] Beim Menschen ist es die Fontanelle

wusstsein (**Quantenbewusstsein**) erfolgen, die sich allerdings auch in der Umsetzung zu einer sehr gefährlichen Lage entwickeln kann wie z.B. im Einsatz der Kernspaltung in Atombomben. Denn nicht in der Entdeckung von Kräften liegt die Gefahr, sondern nur im Umgang mit denselben. Tesla hatte bereits vor hundert Jahren diesen „Empfang kosmischer Strahlung" für friedliche Zwecke praktiziert.

TEIL II

Ursubstanz

Substanz / Materie

Alle Substanz ist aus Schwingungen aufgebaut. Denn das gesamte Universum ist ein durchgängiger Frequenzbereich, der ein in sich abgeschlossenes Riesengebilde ist, eine MONADE. In dieser herrschen bestimmte Gesetzmäßigkeiten, die in sich schlüssig sind und die alle in dieser Monade befindlichen unterschiedlichen monadischen Einheiten gestalten und determinieren, wobei sich zwar alle Detailmonaden (Gestalten) unter einander gegenseitig beeinflussen, sich aber nicht vermischen können. Es handelt sich dabei um unterschiedliche Bewusstseinsdimensionen als geschlossene Frequenzbereiche, die im Kontinuum einer permanenten Umwandlung unterliegen, bei der sie sich quasi in sich selbst „auflösen", so dass sie gleichsam in einen anderen Frequenzbereich übergehen. Diese kontinuierliche Umwandlung (Dimensionswechsel) erfolgt von feinststofflicher universaler Substanz bis hin zur grobstofflichen Materie im Kosmos, wobei letztere als Raumenergie über elektro-magnetische Schwingungsenergie entsteht.

Nach Wikipedia:

Substanz ist nach dem lateinischen Wort substantia „das, woraus etwas besteht". In der Philosophie ist „Substanz" der Begriff für das selbstständige oder wesentliche Seiende, In der Umgangssprache und in den Naturwissenschaften wird „Substanz" auch für grundlegende chemische Stoffe verwendet. Beide Begriffe lassen sich gleichermaßen auf Aristoteles zurückführen, der dafür den Namen ousia einführte und neben den Einzeldingen auch eine ***Materia prima*** als Substanz erwogen hatte. Die materia prima (erste Materie), die auch „Urstoff" genannt wird, ist ein philosophischer Begriff, der auf Aristoteles zurückgeht und in der Folge insbesondere in der Scholastik eine große Bedeutung erlangte.

Materie (von lat. materia = Stoff) ist eine Sammelbezeichnung für alle Beobachtungsgegenstände der Naturwissenschaften, die Masse besitzen. Raumbereiche, die keine Materie enthalten, bezeichnet man als Vakuum. Elektromagnetische Wellen wie zum Beispiel Licht werden nicht zur Materie gezählt.

Materie, die in makroskopischen Mengen vorliegt, lässt sich mit Hilfe messbarer physikalischer Größen quantitativ beschreiben. Sie tritt in verschiedenen Erscheinungsformen oder Aggregatzuständen auf, deren Eigenschaften sich stark voneinander unterscheiden. Materie setzt sich aus Fermionen zusammen, die meist Atome mit einer inneren Struktur aus Atomkern und Elektronenhülle bilden.

Materie ist im Allgemeinen elektrisch neutral, besteht aber zwar aus positiv geladenen Atomkernen und negativ geladenen Elektronen, die positiven und negativen Ladungen gleichen sich jedoch in größeren Bereichen eines Objektes fast aus. Dabei bezeichnet der Begriff Radioaktivität die Eigenschaft instabiler Atomkerne, sich spontan unter Energieabgabe umzuwandeln. Bei den instabilen Atomkernen werden im Wesentlichen drei Zerfallsarten unterschieden:

• Zerfall unter Aussendung von Nukleonen (z. B. Alpha-Zerfall),
• Umwandlung unter Aussendung von Elektronen oder Positronen Beta-Zerfälle und
• Übergang zwischen zwei Zuständen ein- und desselben Nuklids unter Emission von Gammastrahlung).

In dieser Schrift werden die synonymen Begriffe „Substanz und Materie" wesentlich einerseits als feinstoffliche Substanz und grobstoffliche Materie verwendet.

MATERIE als Grobstoffliche

ZWEI DEFINITIONEN:

1. Bestimmbarer Aggregatzustand von Materie (Chemie, Physik, Geologie) als Gestaltträger objektiv-manifester Form und Gestaltung

2. „Frequenzverdichtungen" mit Strahlenwirkungen

In seiner Schrift „Der Baustoff der Welt" beschreibt F. Krause[18] genau wie Tesla diese universalen Zusammenhänge. „Licht" ist im Schöpfungsprozess der spirituelle Urstrahl in den hierarchisch geordneten spirituellen Bewusstseinsdimensionen des Universums sowie im Kosmos als die wahrnehmbar wirkende Energie. Das Licht erfährt als Urstrahl im Universum ganz erhebliche Brechungen, die im Kosmos als „materiellster Dimension" im Universum zu jener scheinbaren „Trennung von Geist und Materie" führt. Wir sprechen jetzt nicht mehr von „Substanz und Urlicht", sondern von Materie und wieder abstrahlbarem reflektorischem Licht. Das bedeutet: Urenergie kondensiert als spirituelle Energie im Kosmos zu Materie und wird quasi zur Materie „zusammengeballt", die wiederum Licht und Wärme abstrahlt. Durch diese permanente Energiezufuhr entstehen im Kosmos dynamische Strukturen, die sichtbarer Ausdruck unsichtbarer Schwingungsfelder sind. Im Kosmos vollzieht sich die Umsetzung der Urenergie in die wahrnehmbar materielle dreidimensionale Welt.

Es ist jener permanente Verdichtungsprozess von Energien zu Materie, deren kleinste Teilchen die „Quarks" sind, die an der Grenze von Licht und Energieumwandlung stehen. In diesem „Verdichtungsprozess" ordnen sich z.B. in den Schwingungsknoten verschiedener Energie-Frequenzen „Materieteilchen in Feldverdichtungen an[19], und zwar immer dann, wenn sich die gegenseitigen Kräfte durch Überlagerungen (Interferenzen) der Frequenzen aufheben, wobei dieser permanente Prozess die Basis allen Lebens im Kosmos ist und das Licht das organisierende Prinzip in der Schöpfung ist.

---

[18] Helmut Friedrich Krause „Der Baustoff der Welt"
[19] Teilchen, die in der Quantentheorie (Heisenberg) Feldern zuordnet werden, nennt man Photonen, aus deren Schwingungsfeldern Materieteilchen als Verdichtungen dieser Felder hervorgegangen sind. Sie sind als Knoten sich überlagernder Wellen zu verstehen und scheinen dem „Nichts" zu entspringen. Biophotonen S.216

(D) In der Dimension des Kosmos verdichten sich die Energie-Schwingungen der „Substanz" quasi zu Materie als „gefrorene Schwingungen"?

Weniger gefroren, sondern eher ein spezifizierender Zustand wie bei Wasser und Eis als Effekt der Frequenz, wobei Frequenzen immer von der „unterschiedlichen Substanz" abhängen", in der eine Energie in einer jeweiligen Bewusstseinsdimension schwingt. Denn Schwingungen ohne Substanz sind nicht vorstellbar. Das wäre dann jene „Nullpunktenergie", die als Urenergie nur im Zentrum beheimatet ist; dort jedoch nicht als Welle und Frequenz, sondern als Kraft schlechthin im Feuer der Urenergie, die im Kosmos nur als Strahlung messbar ist.

Alle diese „Zustandsänderungen" erfolgen über „kosmische Raumenergie", den ÄTHER, und werden als Prozess empfunden, der im Kosmos zur Vorstellung von Zeit und Raum führt. Insofern sind Materie, Raum und Zeit das „Rohmaterial" im Kosmos, wobei alle physikalisch-wissenschaftlichen Ableitungen daraus lediglich das systemimmanent-begrenzte Ergebnis eines im euklidischen Denken dreidimensional vorstellbaren Raumes sind. Diese werden durch die „vierte Dimension", die Zeit, zwar ergänzt, die Einstein zu jener systemimmanenten Relativitätstheorie veranlasste, die letztlich auch nur eine Illusion ist und dem menschlichen Denken nicht aus seiner materiell-system-immanenten Gebundenheit heraushelfen kann. Eine Lösung dieses Problems kann allein durch die Annahme höherer Dimensionen erreicht werden, in die das kosmische System lediglich „eingebettet" ist. Darum erscheint es dringlich, sich den (wenngleich noch hypothetischen) höheren Dimensionen gedanklich zuzuwenden, was ja auch in der Wissenschaft bereits erfolgt, aber nach der offiziellen Schulphysik als nicht beweisbar und darum noch immer „suspekt" erscheint. Hier sei auf Burkhard Heims sechsdimensionales Weltmodell hingewiesen. *„Im virtuellen sechsdimensionalen Raum existieren potentielle Strukturmuster, die auch im uns zugänglichen Raum realisiert werden." (Burkhard Heim,*[20] *„Elementarstrukturen der Materie".)*

---

[20] Heims Stufenmodell / Mehrdimensionale „Räume": 3 materielle Dimensionen und 3 immaterielle.

Ⓓ *Handelt es sich dabei zwischen diesen Dimensionen um einen wechselseitigen Strukturaustausch?*

Ja, aber die Bewusstseinsmöglichkeiten, das zu erfassen, sind vorläufig nur rein hypothetisch und theoretisch, gehen aber in die völlig richtige Richtung. Es handelt sich in der Tat um die Transformation von Strukturmustern über ihren gedanklichen und spirituellen Hintergrund oder besser Seinsgrund, der einerseits abgerufen wird, um an anderer Stelle wieder aufgebaut zu werden. Als Beispiel in einer E-Mail schreibst du etwas, was beim Empfänger wieder erscheint über elektrische Ströme.

Auch nach Teilhard de Chardin sind alle Elemente bereits im „Urstrahl" angelegte Grundbaustoffe, aus deren Anfang im Schöpfungsausstoß das gesamte Universum resultiert. Diese sind als Teile des Lichtes und als Idee im Licht latent enthalten. Es sind die unterschiedlichsten Baustoffe, die sich vom Licht als Energie im gesamten Kosmos abspalten und diesen durchdringen. Denn allein die Ideen, die mit den Interferenzwellen an ihren Kreuzungspunkten ein Quant als Zwischenteil von Materie und Energie erzeugen, sind in der Art ihrer Überschneidungen für die Form der gesamten Materie bestimmend, wobei die Vielzahl elementarer Kombinationen nicht vorstellbar ist. Alle Strukturen sind ein Ergebnis unendlicher Kombinationen der verschiedenen Elemente und Atome zu Molekülen, die den Ausdruck einer Idee repräsentieren und bereits vorher festgelegt sind. Die entscheidende Ursache ist dabei die Kombination der Moleküle, die durch das Licht ausgelöst wird, indem sich diese dadurch zusammenbinden und dann unendlich weiter entwickeln können.

„Je mehr wir die Materie studieren, um so weniger sehen wir sie als fundamental an, um so mehr erkennen wir sie als die bloße Äußerlichkeit von Energie, ebenso wie unser Fleisch das äußere Zeichen von Leben und Denken ist. Im „Herzen der Materie" ist etwas, was nicht stofflich ist, was ihr Form und Macht verleiht, was seine eigene Spontaneität und sein eigenes Leben besitzt; und diese subtile, verborgene und doch stets offenbarte Vitalität ist die letzte „Essenz" von allem, was wir kennen. Das Leben kommt zuerst und ist im Inneren; die Materie, gleichaltrig mit ihm in bezug auf Zeit und unentwirrbar von ihm im Raum, steht in Essenz, in Logik und Bedeutung an zweiter Stelle, die Materie ist lediglich die Form und Sichtbarkeit des Lebens. Das Leben selbst ist keine Funktion der Form, die Form ist ein Produkt des Lebens. Das Gewicht und die

Solidität der Materie sind Resultat und Ausdruck von intraatomischer Energie, und jeder Muskel oder Nerv im Körper ist das geformte Instrument des Verlangens."

Teilhard de Chardin

Mit solchen Aussagen „tut" sich die moderne wissenschaftliche Forschung schwer und hat gefolgert, dass diese „Äthersubstanz" nicht wissenschaftlich beweisbare „Materie" sein kann, nämlich dasjenige, was Masse, Gewicht und Trägheit besitzt. Damit ist die Materie laut gängigen Hypothesen zu etwas „entmaterialisiert und reduziert" worden, was sich stark von der „Materie", wie die Sinne sie wahrnehmen, unterscheidet. Diese „Substanz" wird im Kosmos lediglich vom Äther in einem Zustand der Bewegung gehalten, woraus gefolgert wird: Es gibt keine wissenschaftlich beweisbare „Materie", wenn sie quasi vorhanden zu sein scheint, so ist dies eine Folge der Wirkung von Körperbewegungen im Raum. Diese ließen den quasi realistischen Gesichtspunkt der Vorstellung von „Materie" entstehen, wobei die Unterschiede in den verschiedenen Arten von Materie lediglich von den verschiedenen Bewegungen der Elementarteilchen und deren daraus folgenden Kombinationen abhängen.

Im Gegensatz dazu bezeichnet Avalon[21] diese vitale Kraft als aktives Lebensprinzip: **Prana**. *„Es ist in allen Lebensformen zu finden. Prana durchdringt alles, weil es in allen Dingen Leben und jene Energie ist, die alle Gestalten in ihren materiellen Manifestation bestimmt; und wenn Prana einen Körper verlässt, zersetzt sich dieser und wird in seine ursprünglichen Elemente aufgelöst. Dabei nimmt jedes Atom genügend Prana mit sich, um Prana zu ermöglichen und neue Kombinationen zu bilden. Das nicht gebrauchte Prana kehrt in das große universale Reservoir zurück, von dem es kam….. Und dieses Prana ist die große Masse undifferenzierten Äthers, die Wesenheit, die den ganzen „Raum" erfüllt und in der sich alles Materielle ereignet, und das bedeutet für die Physik: Eine Dualität durchläuft das Schema der Physik: Materie und Äther. Dabei gehört alle kinetische Energie zu dem, was wir Materie nennen, sowohl in ihrer atomischen als auch ihrer korpuskularen Form; Bewegung oder Fortbewegung ist ihre charakteristische Eigenschaft. Alle potentielle Energie gehört zum unmodifizierten und universalen Äther; seine charakteristischen Eigenschaften sind Druck*

---

[21] Avalon: Eric Pearl/ Spirit & Soul oder William Rowan Hamilton Physiker, Mathematiker

und Anspannung. *Energie fließt beständig vom Äther zur Materie und umgekehrt. Daraus folgt, dass jeder wahrnehmbare Gegenstand sowohl ein materielles als auch ein ätherisches Gegenstück hat. Wir nehmen nur eine Seite bewusst wahr, die andere müssen wir folgern. Die Notwendigkeit für diese indirekte Folgerung hängt naturgemäß von der Natur unserer Sinnesorgane ab, die uns über Materie berichten, und uns nichts über den Äther sagen. Und doch ist das eine ebenso real und substantiell wie das andere, und ihre fundamentale gemeinsame Qualität ist Koexistenz und Wechselwirkung, deren bemerkenswerte Realität überall herrscht und das Ganze unserer rein irdischen Erfahrung darstellt.*" (Avalon)

Auch nach W. Reich ist der Kosmos ein massefreier „Orgon-Ozean" (elektrische Substanz) als das alles belebende Prinzip im Kosmos; denn die Urenergie, oder wie Reich es nennt, das Orgon, ist in der Tat ein das gesamte Universum (Kosmos eingeschlossen) durchflutendes Fluid des Lebens, in dem alles zusammenhängt, sich gegenseitig beeinflusst und eine ständige Verwandlung hervorbringt, wovon auch die Erde mit ihrer Atmosphäre und ihren Magnetfeldern betroffen ist; denn darüber besteht immer auch der Zusammenhang mit der universalen Energie und hinsichtlich der gegenseitigen Beeinflussungen der Planeten im Sonnensystem, weil diese über die „eingefärbte Energie" nach ihrer jeweiligen Strahlenherkunft bestimmt werden und für die Veränderungen auf der Erde verantwortlich sind. Dieses Fluid des Lebens verändert seine Wirkung in jeder Dimension der Hierarchie. In der Dimension „Kosmos" ist es nicht sichtbar und nicht nachweisbar. Diese Energie ist aber die allein einzige wirksame und spürbare und wird im Wiederaufstieg des Bewusstseins in die nächst höhere Dimension immer stärker bewusst erfasst werden können.

Raum

In diesem Zusammenhang ein Wort zum „Vakuum", dem sogenannten „leeren Raum".

Eine Vorstellung vom leeren Raum ist falsch, da im Raum die sich durchkreuzenden Energien und Formen von Materie unweigerlich ihre Spuren hinterlassen. Diese Spuren sind nicht linear, umfassen dagegen weite Flächen, weil alle Objekte im Kosmos von ausgedehnten elektromagnetischen Feldern umgeben sind. Der „Raum" ist also kein Vakuum, sondern eine vielfach durchflutete Fülle. So passieren den Raum Lichtwellen, ohne sich zu verändern, und dennoch entzieht sich der „Raum" jeglicher Klassifizierung.

Beim fließenden Übergang vom *„rein Geistigen zum rein Materiellen"* bietet sich eine Analogie zum „Raum" an. Denn der Raum ist auch ein Fließender und wie das Universum selbst nicht begrenzt, sondern lediglich der „Materie als Umgebung" zugeordnet. Die Materie ist dabei immer in Bewegung, und das bedeutet, dass ***„Der absolute Raum"*** Newtons in der heutigen Physik nirgends mehr einen Platz hat. Raum ist nur in Verbindung mit Zeit zu sehen. Wenn aber die Gesamtheit aller raumzeitlichen Ereignisse im Kosmos rein mathematisch dargestellt wird, so ist das nicht mehr vorstellbar. Darum kann der Weg zum Sinn universeller Existenz nur über den Geist führen, über das Denken an sich. Es gibt aber zwischen dieser nicht materiellen Welt der Gedanken und der materiellen berechenbaren Welt Übergänge; und zwar muss davon ausgegangen werden, dass „Raum" nur dadurch existiert, dass diesem zur „objektiv" greifbaren Masse im entsprechenden Verhältnis auch „feinstoffliche Masse" zugeordnet ist. Denn nur allein darüber verbindet der kosmische Raum alle dem menschlichen Bewusstsein erkennbare Materie miteinander: Der Raum selbst ist feinstofflich. Newton spricht in diesem Zusammenhang von „Äther". Pragmatisch entstehen alle erkennbaren Wirkungen im Kosmos aus dieser feinstofflichen Materie, dieser „Elastizität des Raumes", der Fähigkeit zu „reagieren und zu vermitteln".

Allerdings ist das Wirken im Raum eine universale Konstante, die als ein permanenter „geistiger Befehl" zu verstehen ist. Denn dieser beeinflusst die Materie und wird wiederum von ihr auch beeinflusst, weil im Raum universelle sich selbst determinierende Energien am Werk sind, die sich sämtlich im Einklang mit einem sich selbst ordnenden Ganzen befinden. Alles das geschieht unter dem Gesetz einer „scheinbaren Ausdehnung im begrenzten Kosmos", und zwar durch spiralförmige Bewegungen unter dem Gesetz eines zyklischen Wachstums in einer permanent kreisenden Wiederholung. Dabei ist es das „partielle Endziel" jeder „wachsenden Spirale", ihre eigene „eingekerkerte Essenz" in eine größere, sie umgebende Sphäre zu ergießen, um so wiederum im jeweils größeren Ganzen aufzugehen.

Materie gibt es nur im Kosmos, in dem sie quasi die „Kategorien" von Raum und Zeit impliziert. Raum und Zeit sind neben Materie das „Rohmaterial" im Kosmos. „Energie" steht mit Materie (Raumkörper) und Zeit (Bewegung) in Proportion ($E = m \times c2$). Insofern ist der Kosmos als Ganzes eine Kategorie sui generis, dessen „Raum" von einem Energiestrahlenfeld permanent erfüllt ist und durchflutet wird, das man bisher als „Äther" oder „Prana" bezeichnete; heute verwendet man in der Physik dafür Begriffe wie Nullpunktenergie, Skalarfelder, Tachyonenfelder, Neutrino-Ozean, Quantenäther oder Schwerkraftfelder. Im Kosmos sind alle Gestirne aus dieser „Raumenergie" geschaffen und lösen sich über eine Kernverstrahlung wieder in Raumenergie auf. Denn ***„Raumenergie (Äther) ist der Baustoff des Weltwillens"***. Dabei ist das „Skalarpotential" die potentielle Energie des sogenannten „Vakuums", die jederzeit durch geeignete Kopplung in elektromagnetische Wellen und in Materie umgewandelt werden kann.

Skalarfelder im Raum

Nikola Tesla, der Entdecker der Wechselstromtechnologie ließ z. B. hochfrequente Energieströme durch seinen Körper fließen und war der Entdecker flächendeckender Energieversorgung, der Radartechnologie, und er enthüllte das Geheimnis, auf welche Weise sich elektrische Energie drahtlos vermitteln lässt, um den ganzen Erdball in elektrische Schwingungen zu versetzen und die Erdatmosphäre durch Elektrizität zum Leuchten zu bringen. Nachfolger dieser Theorien war Thomas, E. Bearden, der vom skalaren Elektromagnetismus und von der Erzeugung von Energie und Materie aus dem „Nichts" sprach. Seine „Skalarwellenfelder" sind ein anderer Begriff für ein „Vakuumfeld" und eine Weiterentwicklung von Teslas „Ätherkonzept". Skalarwellen können deshalb jederzeit durch geeignete Kopplung in elektromagnetische Wellen in Materie umgewandelt werden – Sie überwinden Raum und Zeit.

Nach Bearden sind diese virtuellen Raumenergien als eine Art Rekonstruktion und Weiterentwicklung von Nikola Teslas Ätherkonzept zu verstehen. Skalarfelder ist ein anderer Begriff für „Vakuumwellen", über die sich ein ständiger Fluss aufblitzender und verschwindender virtueller Teilchen bewegt: das Skalarpotential des Vakuums. Diese Raumenergien können sowohl Substanz wie Bewusstsein und Psyche steuern, als auch umgekehrt von diesen beeinflusst werden. Dabei wirken sie auf den Fluss der Zeit ein und überwinden in Gedankenschnelle den Raum. Denn das Skalarpotential ist virtuell, besitzt deshalb keine Masse und stellt eine „eingefaltete, gefangene Raum-Energie" dar – wie ein Akkumulator, in dem potentielle Energie gespeichert ist. Es ist darum fundamentaler als die daraus abgeleiteten Kraftfelder und wirkt wie ein Akkumulator. Skalare Wellenfelder, die keine Masse besitzen, erzeugen quasi Energie und Materie aus dem „Nichts".
Skalare sind nach irdischen Vorstellungen Energien ohne „Ausgang und Ziel"; sie sind nicht bestimmt, und darum wäre der Begriff „Urenergie" dafür besser geeignet, weil er alles offen hält. Die Urenergie unterliegt als absolut „offene Schöpfungskraft" in den einzelnen Bewusstseinsdimensionen den jeweiligen Strukturmustern, die wiederum gleichzeitig mit den Bestimmungen für die Umsetzung der Urenergie jeweils dimensionsimmanent entstehen. Wichtig ist nur, dass Struktur und Energie – also Welle und Teilchen – jeweils in ihren Wirksamkeiten immer als „Licht" in den

unterschiedlichen Dimensionen zusammen „entstehen". Denn diese Frequenzen (Vakuumwellen), die keine Masse besitzen, können durch Verbindung mit elektromagnetischen Wellen (Äther) im Kosmos in Materie umgewandelt werden.

Dieser ständige Fluss virtueller Teichen im Aufblitzen und Verschwinden äußert sich im „Vakuum" (Äther) als eine Art „Druck-Potential", das „Verdichtungen und Verdünnungen" verursacht, die keine Masse besitzen. Jede normale vektorielle elektromagnetische Welle ist aus solchen Skalarwellenkomponenten zusammengesetzt, wobei diese unsichtbare, quasi nicht materielle Substanz im „Raum" eine Brücke zwischen beiden „Welten" bedeutet, da sie der geistigen Welt der Energien angehört und doch auf die Materie einwirkt. Es ist der „Äther", jene nicht „materielle Substanz", über die sich dieser Umwandlungsprozess in Materie auswirkt. Exakter wäre diese „potentielle Energie" vielleicht als Zustand definiert. Dieser wird demnächst als ein mit elektromagnetischen Feldern verwandter Zustand entdeckt werden und wirkt derart drastisch auf das Entstehen von Materie ein, dass er, wenn erst völlig verstanden, für alle noch anstehenden schwierigen Energieprobleme die Lösung herbeiführen wird.

Für die Wissenschaft gilt immerhin heute bereits die Feststellung:

„... dass es eine Substanz im Kosmos als Basis gibt, die „Äther" genannt wird. Es ist ein Träger, der das Universum erfüllt und durch seine Schwingungen die Strahlungen des Lichts transportiert. Dieser Äther ist keine „Materie", sondern unterscheidet sich außerordentlich von ihr, sodass uns nur die Unzulänglichkeit unseres Wissens dazu zwingt, in unserer versuchsweisen Beschreibung desselben, Vergleiche von der „Materie" in ihrem gewöhnlichen physikalischen Sinn zu entleihen, was aber einzig und allein nur unseren Sinnen bekannt ist. Aber wenn wir die Existenz des Äthers als erwiesen annehmen, wissen wir, dass „materielle" Körper, die in ihm eingebettet sind, ihre Plätze in ihm wechseln können. Tatsächlich ist es die Eigenschaft der Schwingungen des Äthers, den Raum zu bilden, in dem alles existiert."[22]

Dabei wird im Kosmos das „Absolute", das spirituelle Innen oder jenes „Vakuumpotential", durch ständige Veränderungen im Außen „verhüllt",

---

[22] Avalon / "Die Schlangenkraft" 2009

wobei das Kernverstrahlungsfeld selbst immer das unveränderte Absolute bleibt, allerdings nicht dessen im Außen wirkende Intensität. Denn alles im Universum ist zweiseitig: Es gibt nicht nur einen materiellen Körper, sondern auch einen Ätherkörper: die beiden existieren gleichzeitig, wobei sich elektrische Ladungen, die aus modifiziertem Äther bestehen, als das kosmische Baumaterial erweisen.

Jakob Lorber[23] spricht in diesem Zusammenhang von *„Äthererregung"*. Es geht bei allen diesen Vorgängen im Wesentlichen um die Erregung der Urenergie, die ja bekanntlich den gesamten dreidimensionalen Kosmos durchflutet; was allerdings nicht bedeutet, dass dadurch bereits der Raum schon erregt ist. Es bedeutet lediglich, dass das Leben permanent passiv durch den Äther erhalten wird. Denn bei diesem Erregungsprozess der Urenergie im Kosmos handelt es sich um dreierlei Emanationen: 1. Hervorbringen von Materie 2.Widerspiegelung der Lichtatome, was der Energie bei jeder Gestaltgebung entspricht und 3. Radioaktive Auslösung der Urenergie in der Form von Alpha-Beta-Gamma-Strahlen. Um aber nun an die Urenergie selbst heranzukommen, müssten gegenwärtig über die „Erregung" hinaus noch weitere Techniken angewendet werden, um die Urenergie auch aufzuladen oder zu speichern, und zwar über ihr ohnehin ständiges Einfließen in das Leben selbst. Vor allem geht es gegenwärtig um die Speicherung und Anwendung dieser Energien. Es geht also weniger um eine Art Auslösung als Lebensenergie, die ohnehin permanent erfolgt, sondern um die Speicherung nach aktiv erfolgter Abrufung der Urenergie.

Der Kosmos als einzige den Menschen materiell erscheinende Dimension im Universum ist in Wahrheit die „beseelte Gestalt" der Manifestation des Geistes. und darum nur die „halbe Wirklichkeit". Sie ist letztlich immer eine Art Illusion – wie ein auf eine Leinwand projizierter Film. Alle Bewegungen im Kosmos spielen sich dabei auf einer fixen Konstante ab, wie die beweglichen Bilder auf einer konstanten Filmleinwand. Der Mensch erlebt nur diese Bewegungen der auf der konstanten Leinwand ablaufenden Bilder als seine eigene Realität. Es ist aber eine irrelevante Fiktion einer astrophysikalischen Vorstellung, und die Annahme eines sich permanent ausdehnenden Kosmos ist eine Illusion, die lediglich durch die Gebundenheit an menschliche Raumvorstellungen bedingt ist. Es handelt sich nicht um eine wirklich expandierende Bewegung, sondern nur um eine in sich kreisende,

[23] Jakob Lorber "Das große Evangelium des Johannes"

und zwar in einem virtuellen Raum. Auch F. Krause spricht in diesem Zusammenhang davon, *dass es sich bei Raumvorstellungen im Kosmos möglicherweise nur um eine Fiktionsillusion handele: „ Der Kosmos als der für den Menschen sichtbare Frequenzbereich ist eine materialisierte Geistwelt und darum nur eine Illusion wie ein auf eine Leinwand projizierter Film. Dort erfolgt naturgemäß weder eine Ausdehnung noch eine Zusammenziehung".*

Auch gemäß der „Stringtheorie" gibt es im Kosmos ein „Vibrationsspektrum" von unendlich vielen Schwingungsmodi, welche aber eine zu hohe „Masse-Energie" besitzen, um direkt beobachtet werden zu können. Denn nach theoretischen Überlegungen sollten Strings eine Ausdehnung in der Größenordnung der Planck-Länge besitzen, was bedeutet, dass die Vibrationsmodi „Massen" besitzen, die ein Vielfaches von ca. 10^{19}> Giga-Elektronenvolt betragen; das liegt um viele Größenordnungen über dem, was man experimentell beobachten kann. Daher wird man auf einen direkten Nachweis dieser Vibrationsmodi verzichten müssen und stattdessen versuchen, im Sektor der (nahezu) masselosen Teilchenanregungen Eigenschaften zu finden, die spezifisch für die Stringtheorie und gleichzeitig experimentell beobachtbar sind. Somit müsste erst ein indirekter Nachweis der Richtigkeit der Stringtheorie geschehen.

Dies stößt aber auf die Schwierigkeit, dass gerade der zugängliche „masselose Sektor" in nur geringem Maß von der zugrundeliegenden Stringtheorie bestimmt wird (zumindest nach heutigen Erkenntnissen), was daran liegt, dass Superstringtheorien natürlicherweise in 10 oder 11 Dimensionen formuliert werden und nur in diesen Dimensionen ein mehr oder weniger eindeutiges Spektrum haben. Um auf unsere 4-dimensionale Raum-Zeit zu kommen, müsste man eine sog. „Kompaktifizierung" (Aufwicklung) der 6 bzw. 7 „überschüssigen" Dimensionen postulieren, die der direkten Beobachtung nicht zugänglich sind. Der Punkt ist, dass der Prozess dieser Kompaktifizierung bei weitem nicht eindeutig ist und zu einer Überfülle von möglichen 4-dimensionalen Theorien führt.

ⓓ Sind die Wissenschaftler damit näher an einer richtigen Lösung?

Ja, damit sind die Wissenschaftler schon sehr nahe an der Lösung der Umsetzung der Urenergie in die kosmische dreidimensionale Welt dran. Man hat aber bislang keine Eigenschaften eines masselosen Sektors finden können, welche spezifisch für die Stringtheorie und in naher Zukunft experimentell überprüfbar wären. Denn die String-Feldtheorie sieht noch alle Strukturen auf einer tieferliegenden Ebene, in der man noch nach Raum und Zeit unterscheidet, und das gilt nicht für die Quantentheorie und das Universum.

Rotation und Gravitation / Raumbedingungen

ROTATION oder SPIN[24]

Die Raumenergieverstrahlung erzeugt ständig Energiestrahlenfelder von radialer Struktur, wodurch alle Vorgänge im Kosmos sich in voller Abhängigkeit innerhalb dieses Energiefeldes vollziehen. Das ist zunächst nur in seinen Wirkungen als feststellbare „Anziehungskraft" (quasi Gravitation) spürbar. Auf jeden Fall ist das Raumenergiefeld der Träger der wellenförmigen Fortpflanzung aller Strahlungen, wobei die „Kernverstrahlung"[25] selbst bereits in die Sphäre des „spirituellen Absoluten" gehört, aber für alle Erscheinungen im Kosmos allein bestimmend ist. Dieses Freiwerden der Kernenergie aus der Sphäre des „Absoluten" vollzieht sich permanent und mit unvorstellbarer Wucht, ist aber kein „Urknall", sondern das ewig alles Bewegende und Verwandelnde aller Manifestationen durch ständige Zustandsänderungen der Energiefelder.

---

[24] Der Spin (von engl. spin, Drehung, Drall) ist eine quantenmechanische Eigenschaft von Elementarteilchen, eine Art Eigenrotation. Der Spin verhält sich mathematisch (z. B. unter Rotationen des Raumes) bis zu gewissem Grade als Drehimpuls. Außerdem gilt der Erhaltungssatz des Gesamtdrehimpulses nur für die Summe aus Bahndrehimpuls und Spin eines Systems. Daher ist der Spin im Gegensatz zum Isospin nicht nur mathematisch eine dem Bahndrehimpuls analoge Eigenschaft, sondern tatsächlich eine Art von Drehimpuls, allerdings von Anfang an ein physikalisch-mathematisch nicht-klassisches Phänomen.

[25] Radioaktivität beruht auf ionisierenden Strahlungen wie Alpha- Beta- und Gammastrahlung, aber auch kosmischen Strahlungen. Es handelt sich dabei um kurzwellige Strahlung, um Atome durch ihr Auftreffen zu ionisieren, d.h. Elektronen von ihnen abzuspalten oder hinzuzufügen, so dass die positiv geladenen Protonen des „Kerns" und die negativ geladenen Elektronen der „Schale" einander nicht mehr neutralisieren und das Atom als Ganzes negativ oder positiv elektrisch geladen ist.

Auf Erden werden mehr und mehr Elemente radioaktiv, während die Erde selbst ständig an Strahlungsfähigkeit verliert. Auch die Aggregatzustände wie fest, flüssig oder gasförmig befinden sich in völliger Abhängigkeit von der Energiefelddichte der Erde, wobei bisher wissenschaftliche Kenntnisse nur an der Oberfläche gemacht werden können. Das sind aber immer Aussagen aus großem Abstand zur „Kernzerfallszone" im Mittelpunkt der Erde, weil das „Absolute im Kern" jede Forschungsbemühung zurückweist. Das hat zur Folge, dass nur auf der Oberfläche von Gestirnen Dinge etwas wiegen (gemessen werden können), das ganze Gestirn selbst wiegt nichts. Denn die Radialität der Gravitationsfelder ist die Wirkung des Materiezerfalls im Gestirnskern, was sich auf der Oberfläche als Anziehungskraft oder Gravitation erweist, aber über die Zunahme des Druckes aus dem Mittelpunkt erfolgt. Da diese Schwerewirkungen vom Gestirnskern ausgehend nach allen Seiten verstrahlen, heben sich diese Wirkungen im Kosmos zwischen allen Gestirnen auf.

Ferner hat die eigene Achsendrehung (Rotation) eines Körpers ihren Grund in der Intensität der Energiefelder im Äther. Durch wechselseitige Wirkungen kann dabei die Rotation z.B. durch den Widerstand der Sonnenausstrahlungen derartig schwach werden, dass ein Gestirn nicht mehr auf die kosmischen Strahlenvorgänge reagiert und die eigene Rotation aufhört wie z.B. beim Trabanten Mond.[26] Umgekehrt wächst mit wachsender Intensität auch die Beschleunigung der Achsendrehung. Beschleunigung führt dabei immer zu erhöhter Strahlungstätigkeit. Leider erfasst bisher die Forschung nur äußere Wirkungen und niemals Ursachen, weil unsere Wahrnehmungsorgane nur dazu geeignet sind, diese manifeste Lebenssphäre zu erfassen. Darum wird die Welt der Wirkungen und der Erscheinungen mit Recht als „Maya" bezeichnet. *Wer jedoch die Wirkungen für die Ursache hält – so heißt es in den Upanishaden – gehört den" bösen Geistern" an.*[27]

Denn die Ursachen sind quasi „trägerfreie Energien", die zwar über das menschliche Bewusstsein auch „angezapft" werden können und darum als „massefreie Frequenzen" auf keinen Fall physikalisch als Gravi-

---

[26] Auch beim sonnennächsten Planeten Merkur, der beim Umlauf um die Sonne nur eine 1,5- malige Achsenumdrehung hat.
[27] Upanishaden

tationswellen zu verstehen sind, sondern als Urenergie-Strahlen, die eben nicht physikalisch nachweisbar[28] sind, aber durchaus wirken. Das ist der Lebensstrom schlechthin, der bis in die verdichteteste Materie dringt und dort als Energie alles in Frequenzvibration versetzt. Diese höchsten Konzentrationen von Energien im Kosmos bieten auch eine Erklärung für das Phänomen sogenannter „Schwarzen Löcher" an.

„Schwarze Löcher"

Schwarze Löcher gibt es nicht, sondern das, was man im Kosmos so bezeichnet, sind hochfrequente Energieeinströmungen aus anderen Dimensionen, die im Kosmos über Rotationen (trichterförmige Wirbel) Gestalten zu Materie bilden, wobei die Urenergie in der Mitte eines jeden „Rotationsstrudels" wirkt und über deren Fliehkräfte die „Ursubstanz" im Kosmos quasi herausgeschleudert wird.

Ⓓ *Es sind Strahlensendungen aus der spirituellen Hierarchie, die als Energien ständig einfließen und sich gegenwärtig eurem Erkennen öffnen. Diese sind nicht schwarz, nur als pure Energie nicht über Strahlungen leuchtend erkennbar. Erst die Reibung in der kosmischen Ätherhülle ergibt über Rotierung erkennbares Licht und widerspiegelnde Materie; denn Rotation ist die Geburt der Materie, indem sich Energien über Rotationen zu Materie binden – es sind Energien, die einen Strudel erzeugen, so wie man Milch zu Butter verstrudelt. Allerdings strahlen diese Energien substanzieller als Milch – denn alles sind Energien, die als Strahlung beginnen, um sich darüber zu Gebilden zu verdichten.*

Über einen ungeheuren „Sog" wird dabei einerseits „Materie" eingesaugt und andererseits über die „Reibung im kosmisch-ätherischen Ozean" Strahlung in leuchtendes Licht umgewandelt als Voraussetzung für die „Geburt" von Sternensystemen. So wird die Urenergie, die aus der spirituellen Hierarchie ständig in den Kosmos einfließt, zu wirkenden und leuchtenden

---

[28] Skalarwellen sind in der klassischen vektoriellen Analytik ein Begriff für eine Quantität, die allein durch ihre Wirkungen charakterisiert ist. Diese Wellen wurden bereits von Tesla entdeckt. Wirken zwei gleichstarke Kräfte aufeinander, die aber sehr unterschiedliche Strukturen aufweisen, dann ergibt das ein Nullvektorsystem, und bei Koppelung entsteht an den Überlagerungspunkten eine vektorielle elektromagnetische Welle.

Einstrahlungen für die Erzeugung neuer Gestirne und ist andererseits die Wiederauflösung im Einsaugen „abgebrannter Materie" zurück zur Urenergie. Es ist das perfekte Recyclingsystem über Pulsare, welches als gleiches Prinzip sowohl für das Atom, als auch für eine Galaxie gilt. Im Atom wie in einer Galaxie findet im Mittelpunkt eines Strudels über dessen Rotationen der permanente Schöpfungsvorgang statt. Insofern könnte man Rotation als „Geburtsvorgang der Materie" bezeichnen, weil es strahlende Energie ist, die sich in einem Pulsar zu Materie „verstrudelt" und „verdichtet".

Dabei haben Pulsare zwei Funktionen, und zwar in der Art zweier „Schlote", über die Energie und Materie ausgetauscht werden: einerseits wird darüber Energie empfangen und andererseits Materie wieder zu Energie „verbrannt". Es sind große „Öfen", in denen Energien über Strahlungen zu Materie, und Materie wieder zu Energien umgewandelt werden, wobei Energie und Materie immer gleich bleiben; denn es geht nichts verloren: es ist Zustrom von Energie in den Kosmos und Abfluss „abgebrannter"[29] Energien aus der Materie zum Ursprung. Es gibt dabei keinen „Urknall" und auch keinen „Kältetod", sondern in einem ewigen Kreislauf[30] materialisiert sich Geist zu Materie und diese löst sich umgekehrt über den Geist wieder auf."

Ⓓ *Wobei Neutronensterne der Ausgang für die Bildung von Gestirnen wären?*

Ja, So ist es; es sind die ersten um einen Kern rotierenden „Materialisierungen", wobei weitere Substanzteile andocken, was durch die Ätherenergien bewirkt wird, indem dadurch eine Verlangsamung der Umdrehung und zugleich ein allmählicher Masseanstieg erfolgt, was nicht über Gravitation, sondern allein nur über Adhäsion bewirkt wird.

---

[29] Gesetz von der Erhaltung der Energie im Kosmos / Einstein
[30] Opitz Unbegrenzte Lebenskraft durch Tachyonen S. 25 Die S-Matrix erklärt auch, warum die Suche nach den Grundbausteinen des Universums wie sie in der reduktionistischen Wissenschaft noch immer betrieben wird, erfolglos sein muss. Es gibt nämlich diese Grundbausteine gar nicht. Innerhalb des Universums (Kosmos) ist dessen Ursprung nicht zu finden, denn dieser Ursprung muss jenseits dessen liegen, was innerhalb der Schöpfung existiert.

Dabei wird der Grenzring der einengenden Sphärenwand überwunden und
es entsteht ein „Brand". Denn im Kosmos hat zwar jede manifeste Monade einen „festen Grenzring", der aber mittels Radioaktivität überschritten
werden kann. Der Kosmos selbst besitzt als ***„Begrenzung einen solchen
Grenzring"***, außerhalb dessen es jene Abstraktionen gibt, die wir reinen
Geist nennen. Denn außerhalb seines „Grenzrings" gibt es nur strahlende
Substanz oder aktiven intelligenten Äther. Wir müssen darum sorgfältig
zwischen kosmischer Elektrizität und der spirituellen Energie unterscheiden; letztere besteht aus elektrischer Substanz, die durch reinen Geist bestimmt ist.

In diesem Prozess wird der Anfang jenes uralten „Zweikampfes" zwischen
Geist und Materie ersichtlich, der alle Manifestation kennzeichnet, wobei
ein Aspekt dem Gesetz der Anziehung und der andere dem Gesetz der
Abstoßung folgt. In dieser permanenten Evolution verliert die Materie
ständig an Stärke und Wirksamkeit, bis es gegen Ende eines Zyklus qua-

si zur „*materiellen Zerstörung*" kommt: das Gesetz der Abstoßung wird vom Gesetz der Anziehung überwunden. Es handelt sich dabei um Zerstörung der Formen, nicht der tragenden Essenz selbst, die unzerstörbar ist. Denn alle Gestalten bestehen aus elektro-magnetischer Substanz, die mit Hilfe eines weiteren Faktors, nämlich durch Bewusstsein (Geist) in Grenzen (Grenzringen) gehalten werden und den bestimmenden Gesetzen der Energiestrahlung unterworfen sind. Außerhalb[31] der „Grenzringe" gibt es nur den reinen „Geist", der sich aus der Urmonade über das Kontinuum des Bewusstseins permanent zu manifestieren sucht und bestrebt ist, nach den Gesetzen seines eigenen Daseins bestimmte Ziele im Kosmos zu verfolgen; dabei wird er durch die anziehende Kraft seines Gegenpols, der Substanz, gezwungen, sich mit dieser zu verschmelzen. Denn nur innerhalb des Grenzrings kann sich das elektrische spirituelle Feuer durch Verschmelzung oder Vereinigung mit elektro-magnetischer Substanz manifestieren; darum wird das „Feuer" der Elektrizität während der Evolution oder während des längsten Teiles dieses Vorganges durch den substantiellen Grenzring begrenzt.

Selbst wenn man unter einem „Urknall" lediglich die „Ausgießung des Heiligen Geistes" verstünde, wäre das keine plausible Erklärung für den tieferen Sinn dieses Schöpfungsprozesses, sondern nur für das menschliche Verständnis eine letztlich nichtssagende Feststellung eines scheinbaren Anfangs in der Vorstellung seines begrenzten Denkens. In Wirklichkeit handelt es sich dabei um eine Art „Ausstülpung oder Umstülpen" von Geist in Materie.[32] Dabei stellt der Kosmos ein sich selbst erneuerndes und selbst organisierendes Ganzes dar, in dem das „Quantenvakuum" eine dominierende Rolle spielt und als ein mit potentieller Energie erfüllter „Raum" zu verstehen ist. Es handelt sich um einen „pulsierenden Strom" von „Kosmen", worunter man keine zyklische Abfolge verstehen darf, in der ein Kosmos den nächsten bestimmt oder ein Kosmos der Anstoß für den Nachfolgenden sei, sondern der Fluss ist ein permanenter und ergießt ein „Universum" in das andere ohne Verlust und Anstoß.[33]

---

[31] Heisenberg / Quantenraum reiner Geist „Potentia"

[32] David Bohm a.a.O.: „Im Meer potentieller Energien tauchen ständig wahrnehmbare Universen auf." In diesem Zusammenhang spricht Bohm von impliziter und expliziter Ordnung. Implizite Ordnung ist dabei die Tiefenstruktur aller Dinge, die raum- und zeitlos ist und den Ideen Platons entspricht.

[33] Ilya Prigogine: „Dialog mit der Natur"

Wirkungen der Rotationen

1. Trennung oder Abstoßung
2. Schwungkraft nach Außen oder innere Konzentration
3. Reibung als Erzeugung von Hitze
4. Absorption, Empfang und Anziehung

1. Trennung:

Trennung oder Abstoßung erfolgt aufgrund einer rotierenden Bewegung, welche durch latente Hitze in Gang kommt und in einer bestimmten Richtung vorwärts drängt oder um einen Mittelpunkt kreist, wobei sich alle Sphären von einander absondern. Jeder Lichtstrahl ist ebenfalls eine Sphäre aus feinstofflicher Substanz, d.h. aus der Hitze, aus der er besteht, und rotiert, und zwar aufgrund eigener, auf latenter Hitze beruhender Fähigkeit. Alle Sphären von Gestaltungen sind in sich kreisende Strudel, die in einer Richtung rotieren und durch gegenseitige Beeinflussung aufeinander einwirken. So entsteht durch deren wechselseitige Einwirkung auf andere Sphären die Gesamterscheinung, die man als „Reibungsfeuer» bezeichnen kann. Es handelt sich dabei immer um Zerstörung der Form, nicht der unzerstörbaren Substanz (Essenz).

Die heutige Physik benennt dieses Phänomen: **S-Matrix** oder **Streumatrix**; diese beschreibt in der Streutheorie der Quantenmechanik und der Quantenfeldtheorie[34] die Streuamplituden. Sie wurde 1943 durch Werner Heisenberg und unabhängig davon durch John Archibald Wheeler 1937 (in der Kernphysik) eingeführt. In den 1960er Jahren galt die S-Matrix-Theorie als Alternative zur konventionellen Quantenfeldtheorie, deren Anwendbarkeit in der Theorie der starken Wechselwirkung man misstraute.

2. Schwungkraft ist der entgegengesetzte Aspekt und damit ein zur „Abstoßung" führendes Trägheitsmoment, das sich aus der Rotationsbewegung ergibt. Folge davon ist die Abstoßung als Grundlage für jene Trennung, die eine Monade davon abhält, mit irgendeiner anderen in Berührung zu kommen, und z.B. Gestirne im Kosmos an bestimmten Punk-

---

[34] Die Quantenfeldtheorie geht über die Quantenmechanik hinaus, indem sie Teilchen und Felder einheitlich beschreibt. Dabei werden nicht nur nicht-wechselwirkende Größen wie Energie oder quantisiert, sondern auch die wechselwirkenden (Teilchen-)Felder selbst; Felder und Observable werden also analog behandelt.

ten im Raum unveränderlich voneinander getrennt hält, sie in bestimmtem Abstand von ihrem systemischen Zentrum hält und sie vor dem Verlust ihrer materiellen Identität bewahrt, wobei das Gesetz der Abstoßung vom Gesetz der Anziehung überwunden wird.

3. Reibung, mit folgender Wirkung auf alle atomaren Teile der Materie:
a) Verdichtung und Zusammenhalt des Atoms
b) Fähigkeit zur Betätigung
c) Hitze und Verbrennung

Durch Rotation wird Reibung erzeugt und Hitze an die Gesamtform abgegeben, und zwar Hitze, die einerseits durch die Umdrehung innerhalb der spirituellen Umhüllung (Äther-Energie / Grenzring) im Kosmos und andererseits durch die Rotation innerhalb der Form selbst erzeugt wird. Man spricht dann von einer Zyklotronresonanz. Das ist der Zustand, wenn geladene Teilchen oder Ionen infolge äußerer Anregung in eine Kreiselbewegung übergehen, und diese dann zur Zunahme der Reaktionen in der Ionosphäre führt, was z.B. die Beschleunigung einer besseren Energieübertragung in Verbindung mit dem Magnetfeld beeinflusst. Das sind signifikante Wechselwirkungen zwischen chemischen und physischen Verbindungen im Kosmos. Wenn dabei das latente und das Strahlungsfeuer einen bestimmten Grad erreicht haben, führt es z.B. zur Geburt einer Galaxie oder zur Explosion eines Sternes als schließliche Verbrennung und Auflösung. Eine Supernova wäre eine Art „Geburt" im Kosmos, „Zerstörung" dagegen ein Zwerggestirn.

D *Ihr sprecht dann von dunkler Materie – das trifft aber nicht wirklich zu, es ist nur für euch noch schwer zu begreifen – es ist quasi der virtuelle Rest eines „sphärischen Atoms", den ihr als dunkle Materie (schwarze Löcher) bezeichnet – es sind aber eher Nahtstellen zur spirituellen Hierarchie.*

4. Absorption ist das „Einsaugen" von Energie. Diese erfolgt durch jene „Vertiefung", die in allen wirbelnden Sphären atomarer Materie an dem Punkt ihrer Oberfläche bemerkbar wird, den man auf einem „Gestirn den Nordpol" nennt. Von da aus verlaufen die Strahlungen in Querrichtung zur Umdrehung und reichen bis zum „Äquator" hinunter. Gemeint sind die vom Pol jede Monade umkreisenden Magnetfelder, von wo aus die Kraft hinunterfließt und die Materie der betreffenden Sphäre belebt. Diese Energien verstärken von da aus die latente Hitze, vergrößern die Schwungkraft und verleihen einer Monade eine ganz bestimmte Qualität, die je nach dem Ursprung der Strahlung verschieden ist. Diese Aufsaugung einer von außerhalb der Sphäre herrührenden Emanation ist das Geheimnis der wechselseitigen Abhängigkeit der Sphären voneinander. Es ist zwar richtig, dass am sogenannten „Nordpol" das Einsaugen von Energien erfolgt, nur der Begriff ist irreführend, weil es im Kosmos keinen Nordpol gibt. Es ist lediglich die notwendige Empfangstelle für Absorptionen. Das erfolgt nicht über Magnetfelder, sondern diese sind das Ergebnis davon, wobei sich die Stelle für den Empfang durch die Magnetfelder auch umkehren kann, was z.B. schon auf Erden mehrfach erfolgte. Der Grund für diese Umkehrung ist die Notwendigkeit, weil sonst die Umdrehung der Erde durch den fehlenden Energieausgleich ins Torkeln kommen würde. Denn die Ansammlungen von Energien um nur einen „Pol" werden oft zu stark und gefährden das Gleichgewicht und damit die sich drehende Masse eines Körpers.

Empfangsbereiche sind die jeweiligen Magnetfelder. die zur Zeit auf der Erde stark gestört sind, und zwar durch Störungen im Sonnensystem. Das ist auch der Grund für die sich gegenwärtig immer mehr steigernden Katastrophen. Diese Störungen sind nicht primär von den Menschen verschuldet, allerdings tragen die Umweltverschmutzungen auch nicht gerade dazu bei, das harmonische Gleichgewicht der Erde zu stabilisieren. Diese Störungen lassen sich aber nicht allein durch Umweltverschmutzung begründen, denn die Erwärmung der Atmosphäre erfolgt primär durch Störungen der Magnetfelder, die sich zur Zeit in großer Gefahr befinden.

In diesem Zusammenhang stellt sich auch die Frage nach den offensichtlichen Klimaveränderungen auf Erden. Der dänische Physiker Svensmark stellte eine Korrelation zwischen kosmischer Strahlung und Sonneneinfluss her, wobei diese kosmischen Strahlungen das energetische Gleichgewicht auf Erden, bzw. die Klimaveränderungen bestimmen. Der Treibhauseffekt durch menschliche Verunreinigung sei demnach Unsinn. Allein die Sonnenaktivitäten bestimmen die Veränderungen der Magnetfelder, wodurch Aerosole als Bindemittel für Wolkenbildungen entstehen, und das erfolgt durch den Sonnenwind, wobei CO_{14} erzeugt wird.

D *Stimmen diese Annahmen?*

Das ist sehr richtig. Denn hier wird zum ersten Mal die kosmische Energie mit in die Überlegungen einbezogen. Es besteht in der Tat eine ständige Wechselwirkung zwischen kosmischer und physikalisch messbarer

Energie, also zwischen Energien, die ihr messen könnt und solchen, die ihr noch nicht messen könnt und die vorerst die „Unbekannte in jeder Gleichung" darstellen. Diese wird auch nie nach physikalischen Gesetzen zu messen sein. Aber sie wird als Größe, die zwar unbekannt bleibt, immer das Defizit physikalischer Erkenntnisse darstellen und darüber erkennbar und erfassbar sein. Insofern sind die Überlegungen der dänischen Physiker sehr lobenswert. Diese werden sehr bald noch bessere Ergebnisse zeitigen, weil die Überlegungen fast an mathematische Gleichungen herankommen werden. Das bleibt aber dennoch eine unbekannte Größe.

Womit hat also die Erderwärmung zu tun?

Natürlich hat sie mit kosmischer Strahlung zu tun, weil die Sonne schon seit Jahrhunderten (Erdzeit) durch ein riesiges Magnetfeld in der Galaxie geht. Dadurch entsteht eine erhöhte Hitzeansammlung im gesamten Sonnensystem, die als Strahlung an den einzelnen Planeten unterschiedlich andockt (auswirkt). Eine Folge davon ist die erneute Erderwärmung, die sehr bald zum Kollaps führen muss (Störungen im Magnetfeld, Nordlicht). Alles erfolgt über die Sonne, deren Energienemissionen die Magnetfelder stören. Das wird noch sehr lange anhalten und endlich zur Polschmelze führen. Überschwemmungen von ungeheuren Ausmaßen sind die Folge, und zwar bereits in nächster Zeit auch in Europa. Dies bedeutet das Ende einer längeren Klimaepoche der Erde und den Anfang für eine neue.

Sind diese „katastrophalen Umwälzungen" im Gesamtplan vorgesehen?

Ja und nein. Der Gesamtplan ist zwar hinsichtlich einer Endlösung im Universum determiniert, in allen partiellen Zwischenstationen wie im Kosmos muss jedoch die Entwicklung und Erstellung des Planes auf das Endziel hin immer wieder „austariert" werden, und zwar innerhalb der im Urstrahl wirkenden Trinität von: Wille, Liebe, Geist oder Substanz, Gestaltung und Bewusstsein, deren Entwicklungen nicht immer parallel verlaufen, sondern oft phasenverschoben (im Kosmos zeitlich). Gegenwärtig verläuft die Erderwärmung nicht exakt parallel zur Bewusstseinsentwicklung der Menschheit – beide überschneiden sich vielmehr, werden aber in Zukunft wieder gleichziehen; und das bedeutet: die Naturkatastrophen erscheinen nicht gleichzeitig mit den

Veränderungen im Bewusstsein. Diese Überschneidung ermöglicht dadurch eine enorme Reduzierung des gesamten menschlichen Bewusstseinspotentiales, was wiederum die Konzentration hinsichtlich der Höherbestimmung ins Supramentale fokussiert, und zwar auf den Rest der Menschheit, der die geologisch-physische Katastrophe überdauert – es wird ähnlich sein, wie beim Ableben der Vorläuferkulturen, deren letzter „Untergang" Atlantis betraf.

So wäre der von allen erwartete „Crash" von 2012 als „Vorläufer", bzw. als Phase eines Bewusstseinsschubes zu verstehen?

Ja, nur wird auch dieser Schub große Auswirkungen auf die materielle (physische) Basis haben, denn es ist kein isolierter Bewusstseinsschub, sondern zugleich eine Neubelebung auch der materiellen Basis, und d.h. dass die irdischen Katastrophen parallel dazu erfolgen, denn dieser Neuanfang ist ein ganz exorbitanter; denn es ist der erste Schritt in eine metaphysische Dimension, die zwar prinzipiell über den Menschen als höchster Bewusstseinsform im Kosmos geht, was aber selbst auch eine totale Wandlung der manifesten Basis (DNS) bedingt. Und das bedeutet, dass der spirituelle Strom weiterfließt und nicht gestoppt werden darf. Diese für euch so radikale Umwandlung erscheint hart, ist aber die einzige Möglichkeit, den Fluss und die Bewegung aufrecht zu erhalten. Das Bewusstsein wird auf jeden Fall weiterführen, was aber bedingt, diesem neuen Bewusstsein eine angepasste physische Basis zu erstellen. Das ist die einzige Möglichkeit, das völlig gestörte Gleichgewicht von Geist und Materie oder Bewusstsein und Substanz wieder ins Gleichgewicht zu bringen. Der große Zyklus (12 tausend Jahre) ist am Ende und ein neuer Zyklus kann erst dann beginnen, wenn der alte im Bewusstsein und in seinen Manifestationen wieder „gereinigt" ist.

Reinigung als Zerstörung?

Ja und nein – es wird doch nur auf Erden als Zerstörung verstanden und erlebt; es ist aber keine Zerstörung, nur eine Veränderung. Wenn im Herbst auf Erden das Laub fällt, empfindet ihr das doch auch nicht als Zerstörung, sondern ihr wisst ganz genau, dass es im nächsten Frühjahr wieder einen Neuanfang gibt. Das Leben selbst ist ewig und als Prinzip niemals zerstörbar. Es sind nur die Bilder, die aber lediglich ausgewechselt werden, um in Veränderung eine permanente Evolution *in Bewegung zu halten. Und das erfolgt über die Energiezentren einer Monade – beim Menschen sind es die Chakren.*

Auch im Erdplaneten lassen sich entsprechende Energie-Zentren beobachten, was jeweils den dichten geologischen Körper irgendeines Grundplanes ausmacht. Ein solches „Zentrum" befindet sich auf der Erde am Nordpol, und zwei weitere liegen innerhalb der planetarischen Sphäre. Der Zustrom von Kraft oder Energie zu diesen inneren Zentren (auf dem Weg über das polare Zentrum) führt häufig zu jenen Katastrophen, die ihr als Erdbeben und vulkanische Ausbrüche bezeichnet. Ferner unterliegt die Neigung der Polarachse zyklischen Veränderungen. Das beruht auf der allmählich zunehmenden Empfänglichkeit für die „spirituellen" hierarchischen Entsprechungen des ätherischen Prototyps, um die Einstrahlungen mit einem größeren Willensimpuls besser in Einklang zu bringen. Diese Veränderung verursacht quasi in seiner niederen Manifestation Störungen.

Dieses zu erfassen und zu verstehen ist allerdings kaum über euer gegenwärtiges Bewusstsein möglich, sondern nur im Erleben der eignen Materieumwandlung, die doch auch mit jedem Menschen ständig erfolgt, zu begreifen. Vor allem muss der unsinnige Gedanke eines Urknalls aufgegeben werden. Es ist doch die schöpferische Urenergie, die sich im Universum manifestiert. Das kann doch keinen Anfang haben und auch kein Ende. Diese Urenergie gilt es jetzt nicht nur zu begreifen und zu akzeptieren, sondern vor allem auch zu entdecken als die Lebenskraft schlechthin und als weiterführende Kraft der ständigen bewegenden Umwandlung des Universums.

Gravitation

In diesem Zusammenhang muss auch das Phänomen der „Gravitation" Erwähnung finden; denn „Gravitation" hat auch etwas mit <u>Strahlungen und Materiezerfall</u> zu tun, die Krause[35] darum als eine „Schwellenkraft" bezeichnet.

Das ist richtig. Eure Physik konnte sich bisher „Gravitation" nur durch die Anziehungskraft erklären. Aber Schwerkraft im so verstandenen, physikalischen Denken gibt es gar nicht. Es handelt sich vielmehr um jene alles belebende Energie, die sich durch unvorstellbar hohe Rotationen im Kosmos zu Materie kristallisiert und dann als Materie quasi der „Anziehungskraft und Abstoßung" unterworfen ist, die wiederum einen Rückschlag auf jene erste schöpferische Energie darstellt, welche die Entstehung der Materie ständig beeinflusst. Energie selbst hat aber nichts mit Gravitation zu tun, sondern ist der alles durchdringende Lebensimpuls aus dem Zentrum als Stimulansenergie der Schöpfung. Es ist ein geistiges Fluid, das sich nicht mit physikalischen Begriffen messen und beschreiben lässt und insofern eine trägerfreie Energie, die bis in die verdichteste Materie vordringt und dort als Energie alles in Frequenzbewegung versetzt.

Krause sah die Gravitation darum als Schwellenkraft, in der sich Relatives und Absolutes berühren?

Ja, so könnte man es formulieren, aber auf keinen Fall als Schwerkraft im Sinne der klassischen Physik. Auch sah Krause den Materiezerfall richtig als spirituelle Energieumwandlung; denn alle Materie löst sich wieder in ihre Urenergie auf. Und dabei entsteht jene „Gravitationskraft", die eine Energie des Ausgleiches aller anderen Materie-und Geistkräfte darstellt. Darum sind auch die radialen Kernverstrahlungsfelder die Ursache für die Anziehungskraft oder Abstoßung der Gestirne, denn alle Gestirne im Kosmos verstrahlen ständig „Raumenergie". Auf diese Weise hält das Raumenergiefeld eines jeden Gestirns über

[35] Krause a.a.o.

seine Intensität den „Abstand" zu den Nachbargestirnen, wobei sich aus den zu- und abnehmenden Intensitäten ihrer Energiefelder zwangs- läufig eine Bewegung jedes Gestirns in die Richtung ergibt, aus der die Verstrahlung am intensivsten ist.

Noch zielen die Bemühungen der Physik gegenwärtig mehr darauf ab, die „Schwerkraft" (Raketenantrieb) zu unterbinden, anstatt an die Energie selbst heranzugehen, um sie als Schubkraft zu verwenden und nicht mehr zu versuchen, die Schwerkraft nur auszuschalten. Man muss die Energie aus der Materie selbst wieder in energetische Schub- kraft umsetzen. Es geht dabei nicht um eine Umsetzung der Energie in materielle Schubkraft, sondern in eine geistige, und das wird in der nächsten Zeit entdeckt werden; das ist das gleiche Prinzip wie bei ei- ner Elevation. Noch ist eure Technik auf dem falschen Weg. Es wird aber bald eine gravierende Änderung in Richtung auf höhere Energie- gewinnung durch sich selbst auslösende Systeme geben. Das geht aller- dings weit über die Atomkraft hinaus. Dann erst werdet ihr kosmische Energiefelder anzapfen können, und das wird auch die neue Art der Energiegewinnung sein. Diese Ideen sind schon längst gedacht worden und sind keineswegs vergessen oder verloren, sie wurden nur in ihren nutzbringenden Umsetzungen von Industriekonzernen gebremst und unterbunden. Diese anderen Bereiche werden den Menschen erst dann zugänglich sein, wenn ihre biologische (DNS) Wandlung so erfolgt ist, dass die im Menschen latent angelegten Lichtmöglichkeiten bewusst geworden sind. Jetzt ist die Zeit der Entdeckung und damit zugleich die Zeit für einen ganz neuen Bewusstseinsansatz. Dieser wird es erst nach einer langen Entwicklung den Menschen ermöglichen, mit diesen Lichtpotentialen umzugehen.

Es handelt sich also bei dieser „Schwellenkraft" immer um zwei Energiepo- tentiale, wobei selbstverständlich das stärkere Potential das schwächere beherrscht, was dann in der Art einer „Anziehung" seine Darstellung fin- det, wobei auch das schwächere ebenfalls eine Wirkung ausübt. Im Kos- mos werden auf diese Weise die einzelnen Körper als Massen im Gleich- gewicht gehalten, was jedoch nicht aus der „Masseanziehung" resultiert, sondern aus dem Zusammenfließen zweier Energieströme. Aus diesen je- weils konvergierenden Strömen bilden sich über Rotationen ursprünglich die jene „Anziehung" ausübenden schweren Massen. Diese wurden und werden im einheitlichen Bezugssystem des Kosmos fokussiert, indem sie sich in dieselbe Richtung und auf derselben Ebene bewegen, so dass sich ihre Mittelpunkte quasi auf einander zu bewegen und die Geschwindigkeit ihrer jeweiligen Rotationen auf einander abgestimmt wird.

Gravitation
(nach Wikipedia)

Auch A. Eddington demonstrierte, dass das Wechselspiel von Gravitations- und Strahlungsdruck einen Kollaps des Sterns verhindern kann und die Eddington-Grenze, welche die maximale Leuchtkraft beschreibt, die ein Stern im hydrostatischen Gleichgewicht haben kann, ist nach ihm benannt.[36] Als Eddington-Grenze oder Eddington-Limit bezeichnet man in der Astrophysik die natürliche Begrenzung der Leuchtkraft. Es ist der größte Energiefluss, der durch eine hydrostatische Gas-Schichtung durch Strahlung transportiert werden kann, bevor der hydrostatische Druck durch den Strahlungsdruck überwunden wird. Die Eddington-Grenze ist eine Funktion der Masse, Bedeutend ist das Eddington-Limit außerdem bei Akkretion von Materie auf ein kompaktes Objekt, etwa ein Schwarzes Loch, denn wenn die Leuchtkraft die Eddington-Grenze übersteigt, wird der damit einhergehende Strahlungsdruck so hoch, dass das einstürzende Material nach außen gedrückt wird. Damit wird aber gleichzeitig die Energiezufuhr abgeschnitten, so dass die Leuchtkraft wieder unter die Eddington-Grenze absinkt und das Material wieder einströmen kann. Dieser Vorgang kann sich periodisch wiederholen.[37]

Jeder dieser Energieumwandlungsprozesse verursacht ein elektrisches Wechselspiel zwischen den beiden Aspekten „Substanz und Energie", wodurch einerseits manifeste Objektivität entsteht und andererseits alle

---

[36] Nach Wikipedia: Hydrostatischer Druck (griech. *ὕδωρ hýdor*, Wasser), auch Gravitationsdruck, ist der Druck, der sich innerhalb eines ruhenden Fluids, das ist eine Flüssigkeit oder ein Gas, durch den Einfluss der Gravitation einstellt. Der Begriff wird entgegen der Wortbedeutung „Wasser" auch für andere Flüssigkeiten und sogar für Gase verwendet. Dynamischer Druck durch Fluidströmungen wie z. B. der Staudruck wird vom hydrostatischen Druck nicht erfasst, er betrachtet nur ruhende, statische Fluide.
[37] Die Leuchtkraft eines bestimmten Objektes, bei der dies geschehen würde, heißt Eddington-Leuchtkraft. Benannt ist sie nach dem britischen Physiker Sir Arthur Stanley Eddington. Der Strahlungsdruck kommt durch Streuung der Strahlung an freien Elektronen, der Thomson-Streuung, zustande.

Bewegungen im Kosmos als „Anziehung und Abstoßung" erfolgen. Wenn dabei das erwünschte Ziel der Vereinigung oder Einswerdung erreicht ist, geschieht zweierlei:

1. Alle „Energiestrahlenfelder" haben dabei immer eine radiale Struktur, die einerseits die Zunahme der Dichte eines Körpers bestimmt und andererseits Anziehungskraft und Abstoßungskraft bewirkt, weil beide immer das Ergebnis der Wirkung eines radialen Kernverstrahlungsfeldes sind. Insofern ist das auch die Ursache für die „Abstände" und Bewegungen aller Gestirne untereinander, denn alle Gestirne im Kosmos verstrahlen ständig „Raumenergie". Auf diese Weise hält das „Raumenergiefeld" eines jeden Gestirns über seine Strahlungsintensität den Abstand zu den Nachbargestirnen, wobei sich aus den zu- und abnehmenden Intensitäten ihrer Energiefelder zwangsläufig eine Bewegung jedes Gestirns in die Richtung ergibt, aus der die Verstrahlung am intensivsten ist.

2. Strahlung ist immer das Ergebnis von Umwandlung und diese kennzeichnet immer die Vollendung eines Zyklus von spiralförmiger Umdrehungstätigkeit. Kein Atom wird radioaktiv-strahlend, solange sein eigener innerer Rhythmus noch nicht bis zu dem Grad stimuliert ist, dass das positive innere Leben zur Auferlegung einer höheren Schwingungsfrequenz reif ist und die negativ-magnetischen Strahlungen innerhalb der Gestalten von der Intensität dieser Schwingung bereits abgestoßen und nicht mehr von deren Anziehungskraft stabil gehalten werden. Das beruht darauf, dass die magnetische Schwingung einer noch stärkeren positiven Strahlung sich bemerkbar macht und eine Resonanz findet, sodass diese Schwingung den „eingekerkerten" zentralen Funken befreit und in gewissem Sinn sozusagen die Zerstreuung des Atoms verursacht. Denn im Verlauf der Evolution wird das positive Leben eines jeden Atoms negativ gegenüber einem „größeren Leben", zu welchem es hingetrieben oder hingezogen wird.

Ⓓ *Ist in diesem „Umwandlungsprozess" die „Unschärferelation" ein Zwischen-Quantenzustand?*

Relationen sind keine Zustände, sondern immer eine Form des Wechselns zwischen zwei Zuständen wie Mutation oder Transformation. Es ist der Umschlag von einem Zustand in einen anderen, wobei immer eine Verwandlung erfolgt, die z.B. beim Menschen ein Evidenzerlebnis hervorruft, bei anderen Wesen immer ein befreiender Wechsel aus einem Zustand in einen meist höheren neuen Zustand, der jeweils nach den Bedingungen einer Bewusstseinsdimension anders erlebt wird. Der Moment des „Kipp" ist auch beim Menschen niemals willentlich herbeizuführen, sondern immer ein Widerfahren, was allerdings beim Menschen im Gegensatz zur Natur bewusstseinsmäßig erfahrbar und erlebbar ist.

„Umwandlungen" erfolgen nur, wenn alle Bedingungen von einem Objekt dafür erfüllt sind?

Ja, wobei sofort danach das „Spiel bis zum nächsten Kipp" wieder neu beginnt. Denn im Prozess des Lebens selbst ist allein die „Unschärfe-relation" die gestalterische Spannung, die das Leben in ständiger Bewegung hält. Wille und Geist sind dabei Impuls und Träger und die Liebe die Vollenderin als „Strahlung" für die Wechselwirkungen.

Vom physischen Standpunkt aus gesehen sind Wille und Geist als Strahlenkräfte das, was der Materie Energie verleiht, und vom psychischen Gesichtswinkel aus ist die Liebe das, was Qualität und Bedeutung verleihen kann, wobei dieser Prozess immer über Radioaktivität erfolgt, und zwar immer in der Substanz, denn das ist die Stoffbasis, in der die Energie schwingt, wobei die Kraftentfaltung immer auch von der Substanz mit abhängt. Die Spannung dabei ist das Wirkungsquantum[38] und die Radioaktivität ist in diesem Prozess als Strahlung immer die Vollendung einer Form, um in eine höhere Gestaltung zu gelangen. Immer wenn in diesem Prozess die Endphase einer Monade erreicht ist, wird die Essenz der Form aus ihrer Gefangenschaft erlöst, um sich wieder zur Quelle ihres Ursprungs zurückzuziehen. Dadurch wird sie von der Hülle (Grenzring) befreit, die bislang quasi als „Gefängnis" diente, und darf so einer „Basis" entweichen, die zu Erfahrungszwecken und als Kampfplatz für die Dualität (Polarität aller Gestalten) benutzt wurde. Die Hülle oder Form jedweder Art zerfällt dann ganz von selbst. Und das sind die Vorgänge, die endlich begriffen werden müssen, um zu den Effekten der Radioaktivität vorzudringen. Denn das Ziel jeder partiellen „monadischen Spirale" liegt darin, dass ein jeweils geringeres Oval seine Essenz in dasjenige der größeren, sie umgebenden Sphäre ausdehnt, wohin das eingekerkte Leben im größeren Ganzen entweichen kann. Wenn in diesem Energieumwandlungsprozess das erwünschte Ziel der Vereinigung oder Einswerdung erreicht ist, geschieht zweierlei:

---

[38] Max Planck

1. Die Annäherung oder Verschmelzung der beiden Aspekte von Energie und Substanz verursacht ein Aufflammen oder strahlendes Licht (Supernova! Radioaktivität), weil die „Feuer" der betreffenden Sphäre dabei aufflammen und im kosmischen Reibungsfeuer die rotierende Bewegung und das „spirituelle Feuer", das der spiral-zyklischen Wirkungsweise zugrunde liegt, hervorbringen. Der Grenzring der einengenden Sphärenwand wird überwunden und es entsteht eine neue Monade im „Brand des schöpferischen Feuers". Denn im Kosmos hat zwar jede manifeste Monade einen „festen Grenzring", der aber mittels Radioaktivität überschritten werden kann.

Es geht dabei im Wesentlichen um die Übertragung von „Ideen" als Schöpfungsimpulse im Kosmos. Diese Krafteinflüsse unterscheiden sich nach Qualität und Schwingung in der Substanz als Träger. Es sind die wesentlichen Energieströme, von denen der eine zentrifugal ist und beim Einströmen in den Kosmos einen trichterförmigen Strudel bildet, während der andere, zentripetal, die Hauptursache dafür ist, dass sich um den inneren Strudel herum Materie ansammelt, aus der sich dann wiederum der Geist über die Transparenz des Bewusstseins emmitieren muss. Es ist die Folge eines wechselseitigen Prozesses der Anziehung von Materie an den Geist und der Aufbau einer Form zum Gebrauch durch den Geist als Resultat von elektrischer Energiestrahlung im Kosmos. Diese magnetische Kraft sammelt bei jeder „Neuschöpfung" in einer höheren Monade erneut Materie, wobei z.B. alle Atome dadurch radioaktiv werden, sodass sie auf ein stärkeres, magnetisches Zentrum reagieren, und diese Reaktion kommt durch die allmähliche evolutionäre Entfaltung eines Bewusstseins irgendwelcher Art zustande.[39]

2. Aufgrund von intensiver Hitze kann es zur „Verdunkelung" oder zum endgültigen Zerfall der Materie kommen. Das Licht flammt auf, durchstrahlt den Körper und erleuchtet alles, und dann folgt Auflösung oder Zerstörung; die Manifestation verschwindet im Auflodern elektrischen Feuers, wobei es sich um die elektrische Manifestation des Magnetismus handelt, und zwar genauso, wie bei den entsprechenden elektrischen Erscheinungen, die sich als schöpferische Aktivität als Materie manifestiert haben. Denn am Ende eines jeden monadischen Zyklus, und zwar nach der Erreichung eines stationären Gleichgewichtes, erfolgt immer die Auflösung der

[39] „In Bezug auf das Mineralreich ist die Wissenschaft dieser Wahrheit bereits etwas näher gekommen, obwohl man noch nicht zugegeben hat, dass es auf Strahlung zurückzuführen ist – Licht." Bischof; „Biophotonen", S. 404

Formen als Befreiung der in der Form eingeschlossenen Essenz, und zwar durch die Wiederaufsaugung der Essenz und die Wiederverschmelzung der abgesonderten Materie mit der Wurzelmaterie.

Zusammenfassung

Das ist das passagere „Ende" einer Monade in Zeit und Raum durch die synthetische Aktivität der Materie innerhalb von kreisender, zyklisch-spiralförmiger und vorwärtsstrebender Bewegung. Dadurch wird eine vereinte Bewegung (Synthese) von „Idee" und Substanz bewirkt. Und das bedeutet:

1. Dass das negativ-empfängliche und unorganisierte, materiell-objektive Äußere, die Form oder Manifestation im Kosmos, ohne die innere Essenz formlos und nicht existent wäre.

2. Dass die „wahre Form» oder „Essenz" das ist, was mit Energie erfüllt wird und was als „Matrize" die Kohäsion der äußeren Form bewirkt.

3. Dass die „flüchtige Essenz" oder das wesentliche, geistige Leben an irgendeiner Stelle innerhalb jeder Gestalt seinen Brennpunkt (Kraftzentrum) hat.

4. Dass von diesem Zentrum aus die Strahlungstätigkeit, welche die innere Essenz hervorruft, wirkt, die sich durch die äußere Form hindurch bemerkbar macht, sobald die Form einen solchen Grad der Verfeinerung erreicht hat, dass dies möglich wird. Denn das Leben beginnt von da aus zu pulsieren und in Zyklen zu rotieren, wobei infolge dieser Rotation andere Sphären (Berührung, Verschmelzung, Zerstörung) „erspürt" werden.

5. Durch diesen prozessiven Vorgang kann z.B. jedes „positive Atom" wieder zu einem „negativen Elektron" in einem höheren „Verbund" werden; denn im Verlauf der Evolution wird das „positive Leben eines jeden Atoms negativ gegenüber einem größeren Leben", in einer quasi „höheren Monade", zu welcher es hingetrieben oder hingezogen wird.

6. Diese Art von mit Energie geladener Substanz wird in einem Strudel von Kraftströmungen, die von Zentren ausgehen, aufgewirbelt (in eine Binnenbewegung versetzt) und kann nicht entweichen. Je nach Lenkung

der Energie sammeln sich also diese „Quants" (Krafteinheiten) innerhalb einer „ätherischen Hülle" als Grenzring um sie herum, wodurch
die Hülle diese „Essenz" verdeckt und verschleiert.

7. Immer wenn ein planetarischer Grundplan seiner Vollendung nahe
kommt, wird er seinerseits „radioaktiv" strahlend und überträgt dann
durch Strahlung seine „Essenz" auf eine andere, höhere „absorbieren-
de Monade". Das erfolgt vom Atom bis hin zur Galaxie, wobei deren
Essenz, oder „wahres Leben", von einer aufnehmenden Konstellation
absorbiert wird und die äußere „Hülle" zu ihrem ursprünglichen, unor-
ganisierten Zustand (Entropie) zurückkehrt.

8. Diese Rotationsenergien lassen sich in drei Bewegungsenergien beschreiben als: 1.kreisende 2. zyklisch-spiralförmige und 3.vorwärts-
strebende. Diese bewirken im Kosmos Stabilität (Mineralreich),
wechselseitige Beeinflussungen (Pflanzenreich und im Tierreich)) und
Radioaktivität (Höherpotenzierung des Bewusstseins). Es sind die drei
Aspekte des „Einen Feuers" und treten als Schöpferisches Feuer, Erhaltendes Feuer und Zerstörendes Feuer im Kosmos in Erscheinung. Es
sind: Licht, Flamme und Hitze, Elektrizität, Strahlung und Bewegung,
Aktivität, Stabilität und Zerstörung. Diese Drehbewegungen in Spiral-
formen sind Energien, die „Feuer" im Sinn von Hitze, Leuchten und
Verbrennung erzeugen.

9. Die Einwirkung von Hitze auf die Materie führt zur Aktivität, die wir Rotation oder Umdrehung der Sphären nennen. Der gesamte Kosmos ist
eine riesige Sphäre, die sich wie ein ungeheures Rad langsam dreht und
bei dieser Umdrehung alle darin enthaltenen Konstellationen mit sich
führt. Primär handelt es sich um Rotationen in der Materie, die zuerst
durch ihre Umdrehung ganz auf das eigene Zentrum eingestellt sind.
Erst durch das Zusammenwirken mit dem „Geist" kommt zu dieser ursprünglichen Bewegung gleichzeitig noch eine weitere, spiral-zyklische
Rotation hinzu, worüber jede Monade ihrer eigenen Form „gewahr"
wird.

10. Im Universum sind alle Strahlen in ständiger Zirkulation und der Ausdruck einer ständig wechselnden und zyklischen Rotation von zunehmender Intensität. Von der Wirksamkeit dieser rotierenden Strahlen
hängen Bestimmung, Gestaltung und Bewusstsein ab.

11. Denn von Grundplan zu Grundplan, von Kette zu Kette, und von Globus zu Globus zirkuliert diese Kraft oder Qualität durch das Universum, wobei sie in der permanenten Umwandlung allen Daseins etwas hinzufügt und gleichzeitig etwas wegnimmt; und wenn sie zu ihrem Ursprung zurückkehrt, hat sie sich in folgender zweifacher Weise verändert: Alle potentiellen Anlagen (Gestaltungen) entstehen über der belebenden, energieverleihenden Kraft von Wille und Geist als Fähigkeit anzuregen und voranzustreben: das ist das Leben selbst und die treibende Kraft in der manifesten und substantiellen Evolution.

12. Diese bietet auch die Voraussetzung für alle umwandelnden Wirkungen der subjektiven psychischen Entfaltung des Bewusstseins, wobei es sich dann nicht mehr um die Evolution der Substanz handelt, sondern um die sich entfaltende Transparenz des Bewusstseins. Es ist ein Zirkulus vitiosus, die in sich kreisende Bewegung der Liebe, die durch die von ihr selbst hervorgebrachten Bedingungen wieder zum eigenen Ausgangspunkt der Liebe im Zentrum über die Transparenz aller substantiellen Gestaltungen zurückkehrt.

Zeit

Der Mensch lebt im Kosmos in einer Welt von Zeit und Raum, wobei diese beiden „Prinzipien" jede Wahrnehmung alles „Seienden" als Realität bedingen, verweisen aber damit auch immer nur auf **eine** Bewusstseinsdimension der „Wirklichkeit". Denn diese raum-zeitliche Begrenztheit" ist der Rahmen menschlichen Wirkens und disponiert den Menschen dazu, lineare Kausalzusammenhänge zu sehen und innerhalb dieses gedanklichen Energiestromes quasi Ursachen und Wirkungen wahrnehmen zu können. Das aber ist nur **ein** Aspekt der Wahrheit. Denn die wahre Beziehung zwischen Ursache und Wirkung ist nicht so einfach zu erklären, sondern lässt sich nur über ein das Jetzt übersteigende Bewusstsein richtig verstehen und beantworten; d. h. weg von konditionierten Zeit- und Raumvorstellungen hin zur ewigen Gleichzeitigkeit als permanente Gegenwart alles Seienden.

„Raum und Zeit sind beide nur Erscheinungen, nichts Reelles und nur die Begrenztheit des menschlichen Erkennens hält sie für etwas Wirkliches.[40]" Für uns scheint die Zeit zu fließen und der Raum das zu sein, was die Dinge enthält, und das logischerweise ohne Anfang und Ende. *Wenn man aber erkennt, dass „Zeit" in Wahrheit nur ein Produkt des menschlichen Bewusstseins ist, dass also eine objektive Zeit unabhängig vom Bewusstsein gar nicht existiert, dann nähert man sich den mystischen Erfahrungen der Upanishaden an, in denen es heißt: „Raum und Zeit sind nur Erscheinungen des Bewusstseins".*[41]

Auch die Zeit ist im Kosmos nur ein „Effekt", und die Dinge existieren nicht im Raum, sondern sind der Raum, dem der Mensch als vierte Dimension quasi die Zeit hinzufügt. Dabei scheint der Raum das zu sein, was die Dinge enthält, und das ohne Anfang und Ende. Diese dadurch bedingten Vorstellungen von „Realität" führen zwangsläufig zu irreal unvorstellbaren „Überdehnungen" aller Maße, die für die materielle objektive Welt in der Tat zwar real zu sein scheinen wie Entfernungen von Milliarden von Lichtjahren, die aber rein tautologisch sind und nichts aussagen. Es sind lediglich „gemessene" Illusionen in einer begrenzt wahrnehmbaren kosmischen

---

[40] Upanishaden
[41] Rixner; Upanishaden

Dimension, die durch die Akzeptanz weiterer übergeordneter Frequenzbereiche völlig annulliert werden. Denn die Schöpfung ist eine permanente, in deren „Fluss" der Kosmos als nur eine, und zwar „materielle Dimension" installiert ist. Was jedoch das gesamte Universum und die darin enthaltene „spirituelle Hierarchie" anbetrifft, existieren darin weder „Zeit noch Raum" als Maßstäbe, denn für das Absolute, für die transzendente Einheit, gibt es keine Zeit. Darum ist in allen Religionen auch dieses „Absolute" allein das Ziel der Erkenntnis gewesen und damit zugleich auch die Überwindung der Zeit, die den Menschen nur zum Sklaven im materiellen Kosmos macht. Das Universum ist eine sich durchdringende Hierarchie von Energien mit verschiedenen Dichtigkeiten, zu denen unser Sinne vorerst nur einen begrenzten Zugang haben.[42] Und es ist daher völlig unsinnig, systemimmanente kosmische Maßeinheiten und Vorstellungen auf das gesamte Universum zu projizieren.

Die Zeit ist allerdings ein so grundlegender Bestandteil unserer Welterfahrung, weil sie allein die Vorstellung unserer persönlichen Identität ermöglicht und eng mit dem Gedächtnis und der fortdauernden Erfahrungen in der Zeit verbunden ist. Der Mensch schafft sich in der Zeit eine Ordnung und legt diese Ordnung als „seine" Welt aus. *Alles ist Zeit, wobei keine Zeit eine andere behindert, aber jegliches Sein eine gesonderte Zeit in einem Kontinuum ist.*[43] *Auch der Mensch ist Sein-Zeit(159)*[44]*, weil ich glaube, dass wir in unserem Bewusstsein ein unmittelbares Wissen vom Zeitablauf besitzen – es gehört zu den Aufgaben der Physik das Verhältnis zwischen unmittelbaren Wissen von der Zeit und unserem symbolischen Wissen von der Zeit im Außen aufzuklären". (Davies)*

Einen ersten „Todesstoß" erfuhr die absolute Zeitvorstellung durch die Relativitätstheorie von Einstein; denn er zeigte, dass die Zeit in Wirklichkeit elastisch ist. Noch Newton hat die Zeit als etwas Äußerliches „vergegenständlicht", als einen dahinfließen Strom von Vergangenheit, Gegenwart und Zukunft. Er führte den Begriff der *causa mathematica* ein – also einen rein mathematischen Begriff – weil es ihm lediglich darauf ankam, die Gesetze der Bewegung zu ermitteln. Wiederholt erklärte er, dass er nur in diesem Sinne von Kräften rede (nicht aber Gott damit meine). Auch E. Kant spricht von *„der Erstreckung von Körpern im Raum als zeitlichen Ab-*

[42] J.A. West: „Die Schlange am Firmament"
[43] Davies, Paul; „Gott und die moderne Physik" S.171
[44] Davies; „Die Zeit" S.159 Dögen S. 171

lauf von Ereignissen in der Folge von früher und später, was keine Qualität des Wahrgenommenen, sondern dem wahrnehmenden Geiste eigentümlich sei, der im Diesseits gar nicht anders kann, weil Raum und Zeit Kategorien sind.[45] Einstein vereint dann die Begriffe Masse, Raum und Zeit zu seiner Formel in seiner Relativitätstheorie zum Begriff Energie (Kraft) und geht theoretisch davon aus, dass die höchste Geschwindigkeit, die des Lichtes immer konstant sei. Dieser Theorie liegt der Lehrsatz von Pythagoras zugrunde, nämlich dass die Zahl 1 immer auch im Quadrat gleich bleibt. Einstein hat also auf diesem kleinen Umweg der mathematischen Quadrierung von 1 ausdrücken können, was uns erkennen lässt, dass alle kosmischen Wirkungen aus der Sicht des Erdballs zu sehen sind, und zwar auf der naturgesetzlichen und logisch nicht gestützten Methode der Vermischung von Dimensionen. Das aber ist nur eine systemzentrische, untergeordnete Basis und somit aus universeller Sicht falsch. Zeit ist eine Erscheinung, die sich nur aus unterschiedlicher, also relativer Bewegung ergibt und sich darum nur daraus ableiten lässt. Generell: Bei einer Höchstgeschwindigkeit kann in Richtung dieser Geschwindigkeit keine Wechselwirkung mehr stattfinden.

Einstein sah darin nur ein physikalisches Gesetz, das an die Grenze der „Lichtgeschwindigkeit" gebunden blieb und darum nur Gültigkeit für die kosmisch erschaffene sichtbare Welt hat. Das war sehr wichtig, weil damit die Frage nach Gott weiter offen blieb. Heisenberg hat dann diese Theorie Einsteins *ad absurdum* getrieben, indem er in seiner „Quantentheorie" den Lichtraum des Kosmos überschritt und in die Unendlichkeit weiterer Frequenzbereiche erweiterte. Damit wurde Gott wieder „sichtbar unsichtbar-unendlicher Welten". Energie gleich Masse mal Schnelligkeit des Lichtes hoch 2 besagt, dass die Masse als ausgesendetes Licht gleich Energie und die Masse in der Geschwindigkeit des Lichtes erscheinbar werden kann. In anderen Frequenzbereichen erscheint darum eine andere „Sichtbarlichkeit", weil dort die Geschwindigkeit des Lichtes viel höher ist.

Darum ist natürlich auch die Masse eine ganz andere. Zwar gilt im Kosmos als Maßstab aller Bewegungen die „Geschwindigkeit des Lichtes" als das absolut höchste erscheinbare Maß, wobei es für die Bewegungen von Materie eine Irreversibilität gibt, so lässt sich jedoch diese Vorstellung in Bezug auf die Zeit nicht aufrecht erhalten, dass auch sie nur in einer mess-

---

[45] Häberli S.82 Gerhard Die Einheit von Kosmos, Atom und Geist

baren Richtung verlaufe. Denn in anderen Frequenzbereichen unterliegt alles Erscheinende nicht mehr dem Maß der „Lichtgeschwindigkeit", und darum ist auch die Zeit im transzendenten Bereich „zweispurig", weil in den anderen Frequenzbereichen andere Sichtbarlichkeiten erscheinen und die Frequenzen des Lichtes viel höher sind.

(D) *Je höher die Frequenz, umso durchsichtiger für euch die „Masse". Sie ist darum für euch nicht mehr wahrnehmbar; allerdings von denjenigen sehr wohl wahrnehmbar, die sich auf die höheren Frequenzen (Parapsychologie, Traum) bereits einstellen können. Das sind dann jene Einbrüche aus anderen Bereichen, wie ihr sie alle auch im Traum erlebt. Denn die Zeit erhält im göttlichen Plan viele Bedeutungen und Auswirkungen.*

Nicht nur die Vorstellungen von „Lichtgeschwindigkeit" als Maß oder die „Linearität der Zeit" bedürfen daher einer Korrektur, sondern auch die damit verbundenen Raum- und Zeitvorstellungen eines „begrenzten Kosmos". Denn im permanenten Kreislauf des Universums gibt es auch für den Kosmos weder Anfang noch Ende, und die Vorstellung eines Urknalls[46] ist absurd.

Eine Urknall-Vorstellung basiert auf der völlig irrelevanten Zeitvorstellung eines Anfangs und einer räumlichen Illusion des „begrenzten Kosmos". Dieser „sogenannte Urknall"[47] und das, was man meist darunter versteht, geschieht permanent und ist ohne Anfang und ohne Ende. Nur in der menschlichen Vorstellung einer zeitlich begrenzten Linearität, die automatisch auch einen Raum impliziert, erscheinen alle Bewegungen nacheinander und räumlich-zeitlich ausgedehnt. Heisenberg[48] hat dagegen die Theorie Einsteins in seiner Quantentheorie im „Lichtraum des Universums" in die Unendlichkeit weiterer Frequenzbereiche überschritten. Auch für den

[46] Tipler; „Die Physik der Unsterblichkeit", S. 266. „…die sogenannte Urknalltheorie ist eine präzise physikalische (und damit systemimmanente) Theorie, nach der das physikalische Universum vor einer endlichen Zeit entstanden ist". So etwas geschieht oft in der Physik: Unser Fehler ist nicht, dass wir unsere Theorien zu ernst nehmen, sondern dass wir sie nicht ernst genug nehmen. Man kann sich stets nur schwer vorstellen, dass die Zahlen und Gleichungen, mit denen wir herumspielen, etwas mit der wirklichen Welt zu tun haben.

[47] Der unsinnige Gedanke des Urknalls muss aufgegeben werden. Es ist doch die schöpferische Urenergie, die sich im Universum manifestiert. Das kann doch keinen Anfang haben und auch kein Ende. Diese Urenergie gilt es jetzt nicht nur zu begreifen, sondern vor allem auch zu entdecken als die Lebenskraft schlechthin und als weiter führende Kraft der ständigen bewegenden Umwandlung des Universums.

[48] Die Quantenphysik stellt ein völlig neues Weltbild dar und so das alte Konzept wie determinismus die Bahnverläufe und kausale Kontinuitäten zweifelhaft erscheinen lässt. Tipler: In der traditionellen Quantenkosmologie gibt es auf der grundlegenden physikalischen Ebene keine Zeit, sondern es gibt nichts weiter als die universelle Wellenfunktion (h,F,S,Psi)

Kosmos gilt die Permanenz einer ständigen Folge von „Urknalls", was man aber nicht zu einem universalen integrierenden Prinzip erheben darf, weil es lediglich Stationen in einer permanenten Folge sind, in der es weder Anfang noch Ende gibt. Darum sollte diese Vorstellung endlich überwunden werden. Insofern ist der *„Omegapunkt" als Endziel der Schöpfung* auch nur ein virtueller und steht nicht für Gott.[49] Denn *„Der Omegapunkt in der Schöpfung ist nicht die dreieinige Gottheit, weil die drei „Seinsweisen" in der Analyse liegen und darum nicht selbst der Omegapunkt sein können. Der Heilige Geist hat in der Physik die Funktion der Wellen (Frequenzen), wobei in der Wellenfunktion die gesamte Physik steckt und es darum in der Quantenkosmologie keine Zeit gibt. Vom Mathematischen her ist allerdings der Omegapunkt die Vervollständigung aller endlichen Existenz.*

Ⓓ *Auf Erden ist die Lichtgeschwindigkeit lediglich ein Informationsträger?*

Wie du weißt, ist die ganze Schöpfung Licht, und zwar eine spirituelle Hierarchie unterschiedlicher Bewusstseinsdimensionen und Frequenzbereiche. Im Kosmos, der sogenannten materiellen Welt, ist der Frequenzbereich natürlich ein anderer als in den darüber liegenden Dimensionen. Insofern ist die im Kosmos gemessene Lichtgeschwindigkeit in der Tat ein absolutes Maß für diese Dimension, jedoch niemals für die gesamte Schöpfung.

Im Kosmos ist die Zeit der „Prozess", durch den das „Licht" im Kosmos als der physikalisch messbare Mechanismus (Einstein) verankert ist, der alles regelt und die Gesetzmäßigkeiten auf Erden bestimmt.[50] Nach M. Ende in seinem Buch „Momo" sind dafür *„...die Herren der Zeit"*[51] verantwortlich und *„überwachen"* diesen Prozess im Kosmos, während *„die Erzengel die Aufgabe haben, die Verbindungen zwischen den „Räumen" (Dimensionen) der universalen Hierarchie und des Kosmos herzustellen und ständig aufrecht zu erhalten, um die Schöpfungsenergie der Liebe darin zu verteilen.*[52]

---

[49] Frank J. Tipler; „Die Physik der Unsterblichkeit"

[50] Tulku Tathang; „Raum, Zeit und Erkenntnis": Raum ist nur im Kosmos möglich und verweist immer auf eine Dimension der kosmischen Wirklichkeit.

[51] Michael Ende; „Momo"

[52] S. Nidle; „Der Photonenring": Alle kosmischen Gestirne benötigen spirituelle „Hüter", um mit der Spirituellen Hierarchie zusammenzuarbeiten, womit auch die Entwicklung und Betreuung des menschlichen Bewusstseins zusammenhängt.

Dieser wechselseitige Austausch zwischen Kosmos und spiritueller Hierarchie ist heute bereits von der „Quantenphysik" wiederentdeckt worden, was zu einem neuen Verständnis der Zeit in der Schöpfung verhelfen wird. Es ist der neue Denkansatz dafür, wie spirituelle Energie in der Schöpfung mit den „materiellen Raum- und Zeitbedingungen" im Kosmos korrespondiert und über „morphogenetische Felder" Gesetzmäßigkeiten schafft und entdeckt, die alles regulieren; denn allein darüber werden zwischen der Menschheit und der spirituellen Hierarchie Regeln als Grundgesetze festgelegt. Raum ist ohne Zeit nicht vorstellbar und Zeit nicht ohne Raum. Insofern stellt die Zeit eine weitere Möglichkeit für die Erforschung unserer Verbindung mit anderen Bewusstseinsdimensionen dar. Denn wir nehmen Zeit auf sehr unterschiedlichen Bewusstseinsebenen und in verschiedenen Erscheinungsformen wahr. Und das bedeutet: Die Zeit weist auch auf den Aspekt der „Innenwelt" hin.[53] *„Meiner Meinung nach weist die Zeit ebenfalls den Aspekt der Innenwelt auf. So wie Newton verstärkte Aufmerksamkeit auf die Außenwelt der Zeit lenkte, die fließende Bewegung, in der eine winzige Gegenwart eine Zukunft, die es nicht gibt, von einer Vergangenheit trennt, die auf immer verschwunden ist, so möchte ich das Augenmerk auf die Innenwelt der Zeit lenken."*[54]

Innenwelt der Zeit /Höherpotenzierbarkeit des Bewusstseins

Um diese „Innenwelt der Zeit" zu verstehen, muss man an die grenzenlose Unmittelbarkeit der Gegenwart anknüpfen, weil die Realität unseres Daseins sich stets in der Gegenwart befindet, obwohl es auch jenseits unserer gegenwärtig objektiven äußerlichen Wahrnehmungen Zeit gibt, die weit über den „gegenwärtigen Moment" hinausweist. Allerdings ist dafür allein der „gegenwärtige Moment" die „Tür", die einen Zugang zu diesen unterschiedlichen Zeitebenen ermöglicht. Nur das menschliche Bewusstsein hilft aus dieser realen gegenwärtigen Gebundenheit heraus, denn nur im Denken kann jeder Mensch durch die Annahme höherer Bewusstseinsdimensionen, in die das begrenzte kosmische System unserer Wahrnehmun-

---

[53] Gerhard Häberli; „Die Einheit von Kosmos, Atom und Geist": „Ich sage bewusst nicht: „Wesen der Zeit", weil ich glaube, dass wir in unserem Bewusstsein ein unmittelbares Wissen vom Zeitablauf besitzen – es gehört zu den Aufgaben der Physik, das Verhältnis zwischen unmittelbaren Wissen von der Zeit und unserem symbolischen Wissen von der Zeit im Außen aufzuklären."

[54] David Peat; Kosmos und Innenwelt; Um die Zeit als Innenwelt wahrzunehmen, muss man verstehen, dass die Realität unseres Daseins sich stets in der Gegenwart befindet. David Peat, S. 166 aus „Heraklit".

gen eingebettet ist, die gegenwärtige Zeit überschreiten. Darum erscheint es dringlich, sich den leider noch immer hypothetischen höheren Dimensionen gedanklich mehr zuzuwenden und anzunähern, was zwar punktuell und teilweise schon erfolgt, aber der offiziellen Schulphysik als nicht „beweisbar" und darum suspekt erscheint und daher meist ignoriert wird.

In diesem Zusammenhang muss auf Burkhard Heims sechsdimensionales Weltmodell hingewiesen werden: *„Im virtuellen sechsdimensionalen Raum existieren potentielle Strukturmuster, die auch in uns zugänglichen Raum realisiert werden.*[55]*"* So „überschreiten Geschwindigkeiten" von Gedanken, die nicht mehr durch „Masse" behindert werden, die Lichtgeschwindigkeit bei weitem; nur stehen diese „gedanklichen Frequenzen" den Menschen vorerst nur in der Vorstellung und in ihrer Phantasie zur Verfügung. Vor allem aber sind die Menschen im Traum, bei Visionen und transzendenten Einbrüchen aus anderen Frequenzbereichen immer an diese Frequenzen angeschlossen. Dabei ergibt sich zwangsläufig die Frage, wie man diese hohen Schwingungen auch bewusst verfügbar machen kann, um darüber das Bewusstsein zu erweitern und auf „Geschwindigkeiten", die weit über der Lichtgeschwindigkeit liegen, bringen kann.

D Wie ist eine Höherpotenzierbarkeit dieser Schwingungen möglich?

Jede Höherpotenzierung aller Frequenzen erreicht die Menschen nur über ihre Chakren am Ätherleib. Es geht allein darum, auf alle Kontrollfunktionen durch das Ich-Bewusstsein zu verzichten. Dann ist der Empfang höherer Frequenzen ganz automatisch programmiert, wobei wiederum der Mensch die Voraussetzungen für diese Frequenzen schaffen muss, was durchaus ganz bewusst geschehen kann. Obwohl man bei diesem „Umschalten" selbst nichts spürt, ist man dabei auf eine andere Wellenlänge umgestiegen. Im Traum ist es genauso und du spürst auch nichts. Nicht man macht dabei etwas, sondern es wird umgeschaltet, indem man sich führen lässt und alle bewussten gedanklichen Kontrollfunktionen ausschaltet und sich einfach diesen Schwingungen überlässt.

---

[55] Burkhard Heim „Elementarstrukturen der Materie."

Das wird in Zukunft bei der neuen Population der Fall sein, die bei vollem Bewusstsein solche Empfangsmöglichkeiten sich schaffen wird. Leider sucht die heutige Wissenschaft stets nach rein physikalisch-medizinischen-biologischen Erklärungen, gelangt aber stets nur in eine Sackgasse. Ohne der weiteren Entwicklung vorzugreifen – und sie wird sicher noch lange Zeit in dieser einseitigen Form weitergeführt werden – lässt sich heute schon sagen, dass man im Kosmos bei ausschließlicher Beschränkung auf solche materiellen Aspekte keine Antwort finden wird. Allein nur eine ganz konsequente Bewusstseinsumstellung erbringt einen wirklichen Zugang zu höheren Schwingungsbereichen. Und das alles wird in Zukunft im neuen Bewusstsein allgemein erfolgen und zu einer Erweiterung im Erkennen der kosmischen Zusammenhänge verhelfen. Vorerst liegt es daran, dass fast alle Menschen noch zu sehr an ihre jetzigen konditionierten Bewusstseinsgrenzen gebunden sind, die nur selten „durchbrochen" werden können, was nur mit Hilfe von empfangenen Intuitionen und einer offenen spirituellen Bereitschaft gelingt, denn allein der Geist ist die zeugende Quelle aller Gedanken, wobei er sich als Quelle nicht selbst entdecken kann; und das bedeutet: Die Quelle existiert zwar wirklich, ist nur nicht unmittelbar erfahrbar, weil die Beengtheit des kosmischen Raumes die Stätte unseres bewussten Wirkens ist und uns dazu disponiert, lediglich lineare Kausalzusammenhänge zu treffen. Das ermöglicht zwar den Menschen innerhalb des gedanklichen Energiestromes Ursachen und Wirkungen wahrnehmen zu können, bleibt aber letztendlich eine Täuschung, die nur überwunden werden kann, wenn eine empfänglichere Bewusstheit einer höheren Dimension ins Spiel gebracht wird. Darum fordert Tulku einen Wechsel der Einstellungen und spricht vom „Aufschließen neuer Bewusstseinsräume".

„Denn nur über ein „höheres Bewusstsein" erkennen wir, dass den kontinuierlichen Gedankenströmen selbst nicht die dynamischen Zusammenhänge zu eigen sind; denn dieses neue Vermögen zu erkennen, fasst überhaupt keine Objekte mehr auf, sondern dieses Denken unterbricht viel mehr den Fluss aller Ich-sagenden Gedanken. Dadurch eröffnen sich die Möglichkeiten, die „Trennwände" zu höheren Bewusstseinsdimensionen transparent zu machen, wobei dieses Übersteigen der realen Wirklichkeit nicht bedeutet, von endlichen Dingen getrennt zu sein, sondern alle Gedanken lediglich auf einer höheren Frequenz zu integrieren. Denn auf dieser Bewusstseinsebene transzendieren wir jedwede Ich-zentrierte Orientierung und sind völlig mit jedem und allem verbunden. Lokalisierungen, Haltun-

gen oder Probleme binden nicht mehr, und wir sind auf dieser Ebene nicht mehr darauf erpicht, etwas zu verbessern und zu verändern."[56]

Damit ist gemeint, dass sich der „Geist als schöpferische Energie" im Kosmos äußert, was immer nur in Zeitlichkeit möglich ist, die dann als „geronnene" zum Raum wird. Der Geist fließt aus in Energie oder Licht und gerinnt in der Zeitkathete zum Raum.

D *„Auch eure Gedanken bewegen sich in „Räumen", unterliegen aber über kosmische Raumvorstellungen einer bestimmten „Brennweiteneinstellung", die leider die Menschheit immer noch starr aufrecht erhält und die dadurch zur Begrenzung eurer phänomenalen Wirklichkeit geworden ist. Diese „Begrenzung" der äußerlichen Wahrnehmung lässt als Maßstab nur die sichtbare sinnenhaft bestimmte Phänomenalität zu. Ihr habt aber auch noch andere Wahrnehmungsmöglichkeiten, die weit über diese Begrenzung hinausgehen."*

Gegenwärtig blockiert die Wissenschaft jeglichen Fortschritt mit ihrem fatalen Dogmatismus, nämlich alles nur über tradierte und begrenzte aber „objektiv beweisbare Begrifflichkeiten" verstehen und erklären zu können. Zwar wurden alle diese Erkenntnisse bereits im Altertum entdeckt, jedoch im Kontext der historisch sprachlichen Begriffsvorstellungen formuliert, wodurch sie gegenwärtig fast unverständlich bleiben. Das ist der Grund, dass alles immer wieder gesagt und dem zeitgemäßen begrifflichen Denken angepasst werden muss. Nur so kann das heute so festgefahrene Modell einer rein mechanistischen, naturwissenschaftlichen Auffassung überwunden werden. Man muss sich trotz dieses hemmenden Widerstandes jener „objektive Beweise" fordernden Wissenschaftler auf das Risiko einlassen, auch trotz heutiger Messmethoden nicht beweisbare und objektiv ungesicherte Hypothesen anzuerkennen.

---

[56] Tulku Tathang ; „Raum, Zeit und Erkenntnis"

TEIL III

Geist / Bewusstsein

Geist und Materie sind zwei Aspekte des Universums. Geistige Energien verwandeln sich in erscheinende Gestalten, was zur vereinten Polarität von „GEIST und MATERIE" führt und jene „Unschärferelation" erzeugt, die zwischen quasi zwei spiegelbildlichen Seiten das Universum als URENERGIE durchflutet. *„Die Welt muss sich zunächst selbst zerteilen, und zwar in einen Zustand, der sieht, und in einen, der gesehen wird. Durch den Menschen ist sich das Universum seiner selbst bewusst und teilt sich selbst in Subjekt und Objekt."*[57] Das wird in den Upanishaden allerdings als eine vorübergehende Illusion erkannt und beschrieben und sei lediglich durch das raumzeitliche menschliche Bewusstsein bedingt.

Ergänzend zur obigen Thematik[58] Durchsagen von Henry Carvendish: *„Da die Grenze zwischen Energie und Materie fließend ist, konntet ihr diese nicht-materiellen Ausstrahlungen bis jetzt nicht registrieren. Das ist nur über die vierte Dimension möglich. In naher Zukunft wird die neue Wissensquelle entdeckt werden, und zwar genau wie auch in früheren Hochkulturen die Eingebungen aus der vierten Dimension kamen. Leider ist in der heutigen Menschheit die Qualität ihrer Empfangsstationen dafür derart zurückgegangen, dass die Empfänger kaum noch mit höherem Wissen betraut werden können.*

Denn alle materielle Schöpfung im Kosmos geht von diesem Zustand der vierten Dimension aus. Ist der kosmische Zeitpunkt erreicht, an dem zu offenbarendes Sein wieder fällig ist, wird ein „spiritueller Samen" gesät: Ein Impuls geht von der vierten Dimension in die dreidimensionale Welt hinüber und wird sichtbar. Der „Samen" sind die Gedanken, die in die materielle Welt eintreten und nun ein „Partikel" Materie sind. In diesen sind alle zum Wachstum notwendigen Eigenschaften eingeschlossen. Jeder Stern entspringt so einem Gedanken und untersteht dann den Gesetzen der Dreidimensionalität. Hat ein Planet seine vorbestimmten Ausmaße erreicht, beginnt er zu verfallen, sich zu entmaterialisieren.

[57] G.Spencer Brown; „Gesetze der Form" 1959 / Goswami a.a.o. S.240
[58] Aus Eva Herrmanns „Von Drüben", Carvendish

Es gibt daher nur eine universelle, relative Betrachtung, wenn man die Naturgesetze erfassen will. Damit sind Raum und Zeit eine Relativität an sich und alle atomaren Kernbausteine unserer Materie werden letztlich in ihrer Auflösung nichts anderes sein als dieser „feinstoffliche Raum" selbst. Darum haben alle Wirkungen im Raum ihren Ursprung im „Gedanken", weil der Geist Wirkung im gesamten Universum hat. Ob dabei die feinstoffliche Materie bereits Geist oder nur vermittelndes Medium ist, bleibt euch verschlossen."

Umwandlung von Ideen in Manifestationen

(D) Worum geht es überhaupt dabei? Involvieren der Ideen in Materie?

Es geht im wesentlichen bei Übertragungen von Ideen um die beiden Krafteinflüsse von „Wille und Geist." Das ist das Feuer des göttlichen Impulses, das alle Formen erschafft und durchdringt und sie zu bestimmten Aktionen und Leistungen antreibt, wobei das „Reibungsfeuer der Materie" als „dynamisches Feuer der Bewegung" jedes Atom in Aktivität hält, und es ist das spirituelle Feuer des Denkens, jener kombinierte Impuls, der alle Formen in eine bestimmte Richtung und vorhergesehene Bahn treibt. Es ist jener spirituelle positive Impuls, der aus spirituellen Bereichen kommt und sich im Kosmos in einen „Schleier von negativer Substanz kleidet und einhüllt". Es ist die „Überschneidung" zweier verschiedener Energien, die sich über zyklische Pulsierungen im Kosmos manifestieren und zugleich die Ursache für alle natürlichen Evolutionen in der Schöpfung sind. Erst beim Menschen tritt als dritte Komponente der „Geist" als menschliches Bewusstsein hinzu und wird zum Startpunkt einer Bewusstseinsweiterentwicklung, die nicht mehr automatisch erfolgt, sondern vom Menschen selbst mitbestimmt werden muss. Danach ist nicht mehr der physische Körper allein der Träger dieser Weiterentwicklung, sondern der „Ätherleib" als der Träger des Bewusstseins im Menschen. Darüber werden in ferner Zukunft die Menschen Zeit und Raum transzendieren können, wodurch auch am Ende des Äons der Ätherleib ohne den physischen Leib existieren wird, weil der physische Träger nicht mehr von Nöten ist und die Kommunikation der Menschen nicht mehr über Sinnesorgane sondern nur telepathisch erfolgen wird. Denn alle materielle Schöpfung kehrt dabei wieder in den ursprünglichen Zustand des Geistes zurück. Empfangsstelle für alle Energie-Einstrahlungen ist der Ätherkörper.

Der Ätherkörper

Der Ätherkörper ist ferner auch zugleich der integrale Bestandteil aller „Substanzformen": dieser ätherische Energiekörper ist die Wesensäußerung allen Lebens, indem über ihn jede Form auf der äußeren, objektiven Ebene beseelt wird. Durch dieses „Medium" ist jeder Mensch grundsätzlich mit jeder anderen Ausdrucksform des göttlichen Lebens verbunden. Die Funktion des Ätherkörpers besteht darin, Energieimpulse aufzunehmen und durch diese Impulse oder Kraftströme, die der einen oder anderen Quelle entspringen, den Antrieb zur Tätigkeit zu erhalten; denn der Ätherkörper ist in Wirklichkeit nichts anderes als Energie und besteht aus Myriaden von Kraftfäden oder winzigen Energieströmen, die mit dem emotionalen und mentalen Körper sowie mit der Seele durch deren koordinierende Wirkung in Verbindung gehalten werden. Diese Energieströme haben ihrerseits wieder eine Wirkung auf den physischen Körper und veranlassen ihn zu der einen oder anderen Tätigkeit, je nach Art und Stärke der Energie, die den Ätherkörper gerade beherrscht.

Dabei erfolgen alle Übertragungen, sowie die Aufnahme und Umsetzung der Urenergie über die Chakren (Zentren) des Ätherleibes, die dem Menschen seine Lebensenergie zuführen und ohne die kein Mensch leben könnte, denn die Chakren sind Lebensenergiezentren, über die allein die Urenergie empfangen werden kann. Der Mensch besitzt einen biologisch-physiologischen materiellen Körper, der Träger seiner Sinne und der wichtig für die phänomenologische Darstellung in der Frequenz dieser Erde ist. Der Ätherleib ist darüber hinaus jener feinstoffliche Körper, der nicht Träger der Sinne, aber mit dem physiologisch-biologischen Körper eng verbunden ist. Er besteht aus feinstofflicher Substanz, die aus anderen Frequenzbereichen stammt und die Verbindung mit dem spirituellen Zentrum herstellt.

„Es ist euer „Traumkörper", in dem ihr zwar auch Wahrnehmungen habt, die aber nicht mit der grobstofflichen Sinneswahrnehmung zu vergleichen sind. Diese feinstofflichere Substanz ist dem Geistursprung viel ähnlicher. Über diesen „Körper" gehen alle eure Vorstellungen, Gefühle, Gedanken, Phantasien und euer Denken."

Im Traum bilden im Gegensatz zum Wachbewusstsein alle Vorstellungen, Handlungen und „Verstehen" immer eine Einheit, und genauso erfolgen alle Übertragungen auch über den Ätherleib, nur noch viel stärker, denn das eigentliche Leben selbst spielt sich in diesen „telepathischen Bildübertragungen" ab.

„Wir alle werden in ferner Zukunft auferstehen und an der Weiterentwicklung des gesamten Universums in den Omegapunkt hinein teilhaben[59]*. Vom Mathematischen her ist der Omegapunkt die Vervollständigung aller endlichen Existenz. Es wird sich zeigen, dass diese alle endliche Existenz in sich einschließende Vervollständigung aber mehr ist als alle endliche Existenz."*

Alle spirituellen Einstrahlungen unterscheiden sich nach Qualität und Schwingung in der Substanz nur über die Durchlässigkeit der jeweiligen „Trägersubstanz", wobei im Menschen der Ätherleib und nicht der physische Körper der Empfänger ist. Darum spielt bei der Übertragung von Energie beim Menschen sein Bewusstsein mit eine entscheidende Rolle. Denn der physische Körper selbst ist nicht Träger von „Bewusstseinsvorgängen", sondern diese werden nur vom Gehirn empfangen und weitergeleitet. Träger des Bewusstseins ist allein der Ätherleib. Dabei sind die 7 Chakren die „Mittler" der spirituellen Energien, wobei die „Meridiane" (Akupunktur) am Ätherleib im physischen Körper dem Nervensystem entsprechen,[60] was zuweilen bei der Übertragung von Energien zu Schwierigkeiten führt und sich dann im Körper als Störungen bemerkbar macht. Das kann bei den Geschöpfen in der Natur prinzipiell niemals der Fall sein, da „Übertragungen" prinzipiell reibungslos funktionieren.

Denn: *„Durch jedes Atom in der Welt vibriert absolute Energie als Intelligenz".*[61] Edison führt weiter aus:

---

[59] Frank J. Tipler; „Die Physik der Unsterblichkeit" S. 14
[60] Kundalini-Yoga – Lehre von den Chakren. Lit.: Avalohn „Die Schlangenkraft"
[61] Edison; ... „Aber wo kommt diese Intelligenz ursprünglich her?" fragte der Interviewer. „Von einer Macht, die größer ist als wir", antwortete Edison. „Dann glauben Sie also an einen intelligenten Schöpfer, einen persönlichen Gott?" „Gewiss!"

„Ich glaube nicht, dass Materie träge ist und durch eine von außen kommende Kraft bewegt werden kann. Mir scheint, dass jedes Atom von einer gewissen Menge primitiver Intelligenz beherrscht wird. Man betrachte nur die Tausende von Variationen, in denen Wasserstoffatome sich mit denen anderer Elemente verbinden und dabei die verschiedensten Substanzen formen. Können Sie behaupten, dass sie dies ohne Intelligenz tun? Atome gestalten sich zu harmonischer und nützlicher Verbindung, zu schönen oder interessanten Formen und Farben oder geben einen angenehmen Duft von sich, als ob sie ihre Genugtuung ausdrücken wollten. In gewissen Formen zusammengefügt, bauen die Atome sogar Tiere der niederen Ordnung, und schließlich vereinigen sie sich im Menschen, der die Gesamtintelligenz aller dieser Atome darstellt."

Auch Dubrows spricht in seiner „Biogravitationstheorie" von autonomen Bewusstseinssteuerungen imaginärer Energieimpulse, die einer Zelle ermöglichen, sich ständig in andere Gestaltungen umwandeln zu können, wobei bereits die Biophotonen im lebenden Organismus Sekundärerscheinungen dieser virtuellen Energien sind. Alle diese Bezüge lassen in den Biostrukturen erkennen, dass diese „intelligenten Kräfte" auch für alle raumzeitlichen Organisationen der Masse in Lebewesen verantwortlich sind.

Giordano Bruno spricht von einem „inneren Prinzip" im Kosmos, wenn er behauptet, dass der Motor aller Bewegungen aus diesem inneren Zusammenhang von „Gestirnsseelen" resultiert. Damit vergleichbar ist auch die moderne Vorstellung eines „Quantenäthers" als integrierendes Medium.[62] In der Schrift „Die Implizite Ordnung" von David Bohm wird der „Quantenäther" als richtungsweisend auch für das zukünftige Denken der Menschheit bezeichnet. *„Die implizite Ordnung ist fundamentaler und umfassender als die explizite Ordnung. Sie erscheint wie ein Wurzelgrund, in dem die Objekte der expliziten Ordnung vor ihrer Manifestation in virtueller Form als „Keime" oder „Urbilder" ruhen".*[63] Das entspricht auch der Ideenlehre von Platon und deckt sich mit den Vorstellungen von morphogenetischen Feldern nach Sheldrake[64] und Beardens „Skalarfeldern"[65]. Denn Skalarwellen

---

[62] F. A. Mesmer. „Es gibt eine das ganze Weltall durchdringende und alles verbindende spirituelle Kraft."
[63] Bohm; „Die implizite Ordnung"
[64] Morphogenetische Felder sind spirituell gesehen solche, die sich über die physiologischen Zellgrenzen hinaus erstrecken. Es sind unsichtbare organisierende Strukturen, nicht elektro-magnetische Energien.
[65] Bearden; „Skalartechnologie": Sein Skalarfeld ist ein anderer Begriff für Vakuumswellen – ist ein ständiger Fluss aufblitzender und verschwindender virtueller Teilchen: Skalarpotential des Vakuums – es sind Wellen, die keine Masse besitzen – durch Verbindung mit elektromagnetischen Wellen können sie in Materie umgewandelt werden, es sind Teslawellen.

können jederzeit durch geeignete Koppelung in elektromagnetische Wellen und in Materie umgewandelt werden und sowohl Bewusstsein als auch Psyche steuern, sowie umgekehrt von diesen beeinflusst werden. Sie wirken auf den Fluss der Zeit ein und überwinden den Raum.

Bereits Newton sprach in seiner „Optik" davon, dass es zwei Arten von Licht gebe, das „phänomenale Licht", das Licht im physikalischen Sinne, und das „numinale oder potentielle Licht" (das lateinische Wort „Numen" bezeichnet eine unfassbare göttliche Wirklichkeit). Auch Fechner, der Begründer der „Psychophysik", vermutete bereits im 19. Jhdt im Physikalischen müsse noch ein höheres Licht verborgen sein, dessen Lichtsubstanz Geist sein müsse. *Wäre es nicht möglich, dass die Stoffe und das Licht sich ineinander umwandeln?* Das sind weitere Erklärungsversuche für die Erzeugung von Materie durch Energien aus dem „Nichts". Allein die „Quantenphysik" befasst sich mit elektronischen Strukturen von Atomen. Quanten sind Energieportionen, die durch Frequenzen bestimmt sind. Man geht davon aus, dass sämtliche zwischen Teilchen wirkende Kräfte sowie deren elektromagnetische Felder auf den Austausch virtueller Photonen zurückgeführt werden müssen.

Analogien des Formenprinzips im Kosmos

Auch nach dieser Theorie „wählen Atome sich nach Plan ihren eignen Weg". Wenn dem so ist, dann sehen wir uns mit einer wunderbaren und weitreichenden Fähigkeit konfrontiert, nämlich mit der Fähigkeit zur Wahl; und dies in aufsteigender Linie von der Basis der Biologie bis hinauf zum Gipfel des menschlichen Bewusstseins als eine formative Fähigkeit, eine „Auto-Determination" oder „Denkfähigkeit". Diese Vorstellung ist jedoch nur möglich *durch die Annahme, dass diese unendlich winzigen Atome – als Zentren von Kraft – eine bleibende „Seele" besitzen, und dass jedes Atom Empfindung und Bewegungskraft hat.*[66] „Nimmt man diese unterschiedlichen Qualitäten des Atoms zur Kenntnis, dann hat man zugleich gefunden, dass das Atom eine lebende Einheit, eine kleine vibrierende Welt

---

[66] Wurzel des Quantenprinzips ist das Bewusstsein – Bailey spricht von „Wille" im Atom; Quanten: Nils Bohr, M. Planck, G. Fechner spricht von der Geistigkeit der Materie; „Biophotonen sind Lichtquanten einer Strahlung, die aus lebendigen Zellen kommt".

ist, und dass innerhalb seiner Sphäre oder seines Einflusses andere kleine Leben zu finden sind.

Wenn man diese Idee weiter verfolgt, indem man unser Sonnensystem als Analogie zum Atom betrachtet, könnte man konstatieren, es könne auch innerhalb der planetarischen Sphäre eine spirituelle Wesenheit geben, deren Bewusstheit so weit über der des Menschen liege, so wie das Menschenbewusstsein über dem des Atoms, eine intelligente Instanz, die hinter allen Manifestationen wirkt. Dies führt uns letztlich zu dem Standpunkt, den die Religion von jeher vertreten hat, nämlich dass ein göttliches Wesen existiert. Wo der Christ ehrfürchtig „Gott" sagen würde, würde der Wissenschaftler mit gleicher Ehrfurcht „Ur-Energie" sagen, und doch würden beide das gleiche meinen: *„Jegliche Form auf Erden und jedes Atom im Raum strebt mit allen Kräften nach Selbstformung, wobei die Involution und die Evolution ein und dasselbe Ziel haben: Den Menschen."* Danach besitzt jedes Atom latent Intelligenz, Unterscheidungsvermögen und selektive Kraft, was bedeutet, dass es im Verlauf von Äonen jenes fortgeschrittene Bewusstsein erreichen wird, das wir das menschliche nennen, was schließlich im „Omegapunkt" der gesamten Entwicklung jenen allumfassenden Bewusstseinszustand erreichen wird, den wir Gott nennen. Jede Form ist somit nur ein Aggregat kleinerer Lebensformationen und das Ergebnis eines Bewusstseins-Kontinuums, das sich permanent zu manifestieren sucht und bestrebt ist, nach den Gesetzen seines eigenen Daseins bestimmte Ziele im Kosmos zu verfolgen. Dabei wird es durch die anziehende Kraft seines Gegenpols, der Substanz, gezwungen, sich mit dieser in einem „Grenzring" zu verschmelzen.

Nach Bailey sind es die „Devas"[67], die als spirituelle elektrische Energien unaufhörlich diese begrenzenden Formen erbauen. Sie bestimmen die Gestalt einer Manifestation und behalten auch während des größten Teiles derselben bis zu deren Umwandlungsprozess die alles bestimmende Oberhand. *„Die Deva-Evolution hat tatsächlich während des größten Teiles der Manifestation und bis zum Beginn des Umwandlungsprozesses die Oberhand und erbaut unaufhörlich die begrenzende Form."* Physikalisch gesehen sind es die „Tachyonen" als bestimmende Energiekräfte für Ge-

---

[67] Devas sind wesenhafte Kräfte, die an der Übertragung der Urenergie als erleuchtete Formgestalter und Bewusstseinsträger am Aufbau und Gestalten beteiligt sind. Diese Devas wirken blind und unter den kosmischen Elektrizitätsgesetzen. (Wir müssen sorgfältig zwischen kosmischer Elektrizität und der spirituellen Energie unterscheiden, letztere besteht aus elektro-magnetischer Substanz, die durch reinen Geist bestimmt ist).

staltvoraussetzungen oder erste Formalismen. Es sind Teilkräfte der Urenergie, die je nach „Substanz" als Überträger von Gestaltmustern fungieren, um dann ihre Bedeutung von den Empfängern zu erhalten. Das ist wichtig, denn diese Kräfte sind innerhalb der Urenergie objektive, also in keiner Weise vorbestimmte Energien, sondern erhalten ihre Bestimmung als Kraft erst vom Empfänger, der sie assimiliert und dann in Aktivitäten umsetzen muss. Es sind also nicht unterschiedliche Energieübertragungen (denn die Urenergie ist immer und ewig die gleiche), sondern unterschiedliche Wirkungsweisen in einer Trägersubstanz; und das ist mit „Devas" gemeint. Denn alle Formen werden im Urstoff belebt und beseelt, und das sind die Wesensformen, wobei die Verschmelzung von Energie und lebendiger Substanz diesen Aspekt der Wesensäußerung als Aspekt eines „eigenen Bewusstseins" hervorbringt. Dieses Bewusstsein und die Wirkungen sind je nach der natürlichen Aufnahmefähigkeit, der Form und deren Evolutionsstufe verschieden.

Gegenwärtig befassen sich endlich auch die Physiker intensiver mit den möglichen Zusammenhängen zwischen Physik und Bewusstsein, und man kann wieder unbeschadet von der „Geisthaftigkeit der Materie"[68] sprechen, die sich aus der „Unschärferelation" und deren Doppelcharakter als „Welle und Teilchen" ergibt; *denn die Wurzel des Quantenprinzips ist das Bewusstsein.* Die Elementarteilchen der Materie besitzen erste Anklänge einer Willenskraft, Selbstaktivität oder eines „Bewusstseins". Darauf kann man die grundlegenden Eigenschaften der „Quantenmechanik" zurückführen, wobei die „Wellenhaftigkeit" der Materie als ihr geistiger Aspekt, ihr Teilchencharakter als körperlich-materieller Aspekt in einer Art „Hierarchie des Teilchenbewusstseins" im Kosmos zu verstehen ist. Man vermutet, dass die Atome verschiedener Elemente noch bisher ungeahnte Eigenschaften besitzen, die psychischer Natur sind, und dass „Substanz" als Manifestation alle ankommenden Energiesignale je nach „Bedürfnis" absorbieren oder abschwächen, also einfach durch sich hindurchlaufen lassen oder verstärken kann; mit anderen Worten, seine Empfänglichkeit für Energieeingaben nach Belieben einstellt.

Erst die Vereinigung des „Vaters" (positive, schöpferische Kraft) mit der „Mutter" (negative, empfangende Kraft, „Substanz") erzeugt jenes inne-

---

[68] Eugen Wigner leitet die „Geisthaftigkeit der Materie" aus der Unschärferelation ab, wobei die Wellenhaftigkeit der Geistaspekt und der Teilchenaspekt der Materieaspekt ist, so dass man sogar von einer Hierarchie des Teilchenbewusstseins" sprechen könnte.

re „Auflodern", das wir als Form oder Manifestationskörper des „Sohnes" bezeichnen. Es ist die ungeheure Spannung, die sich in der Verschmelzung positiv-erzeugender und negativ-empfangender elektro-magnetischer Energien im Licht als Welle und Teilchen offenbart. Dafür bietet die Quantentheorie eine umfassende Erklärung an: *„das ist der Versuch, die unendlichen Frequenzbereiche bis hin zum Kleinsten und Größten zu erfahren. Allerdings ist das vorerst nur im Rahmen des für euch kosmisch Vorgegebenen möglich, im Geiste aber sehr bald auch über den Geist im bisher Unvorstellbaren. Denn es werden immer zuerst die geistigen Räume entdeckt und dann wird es möglich sein, es auch für die Menschheit erfahrbar zu machen. Die Atomenergie ist ja bereits die Möglichkeit, aus der Masse-Materie die Urenergie herauszulösen. Denn Energie und Masse stehen immer in einem wechselseitigen Spannungsverhältnis. Bisher wurden aus der „Masse" nur sehr geringe Energien freigesetzt: z.B. Feuer oder Wasser hinsichtlich der Energiegewinnung. Mit der Atomenergie wurde bereits erstmalig der „Kern der Masse" angezapft; das ist schon viel stärker. Aber wenn darüber hinaus die Grenze der Lichtgeschwindigkeit erreicht und überwunden wird, ist es möglich, sich in den nächst höheren Bereich zu „beamen", d.h. den nächsthöheren Bereich bewusst zu erreichen."*

Ansatz für das Verstehen
radioaktiver Prozesse

Ⓓ Demnach geht das Verstehen dieser Energieprozesse nur über ein höheres Bewusstsein, d.h. über den Empfang höherer Frequenzen? Wie kann man das gegenwärtig bereits beispielhaft feststellen und erklären?

Aber das erlebt der Mensch selbst doch ständig! Zwar haben die Durchschnittsmenschen dazu noch keinen bewussten Zugang, allerdings widerfährt diese Frequenzerhöhung beispielhaft jeder menschlichen Entwicklung vom Kind zum Erwachsenen. Der Säugling hat überhaupt noch kein menschliches Bewusstsein, aber die Anlagen dafür sind latent alle vorhanden, stehen aber erst im Laufe der Entwicklung des Menschen diesem aktiv zur Verfügung. Rousseau sprach von einer ersten Geburt des Kindes und einer zweiten Geburt nach der Pubertät zum Menschen. Leider ist die Bewusstseinsentwicklung bei den meisten Menschen mit der Pubertät abgeschlossen – nur wenige erreichen den nächsthöheren noch möglichen Bewusstseins-Level. In der Zukunft werden die Menschen immer mehr höhere Frequenzen empfangen können, was andererseits wiederum die Gefahr in sich birgt, damit nicht richtig umgehen zu können.

Ein Ansatz zum besseren Verstehen wäre: Zuerst muss heute der rigide Glaube als Ausdruck einer lediglich konfessionellen Instanz überwunden werden – durch bewusst religiöse echte Anerkennung (Akzeptanz) höherer Bewusstseinsdimensionen im Universum, und zwar über die begrenzte Dreidimensionalität des Kosmos hinaus. Ferner muss man endlich begreifen, dass Urenergie immer zugleich eine geistig-bewusste Wirkung im Substanziell-Manifesten ist, womit alle Energien immer auf ihren Gehalt an Kraft einerseits und an Bewusstsein andererseits verstanden werden müssen. Denn die Urenergie erzeugt die Substanz, der Geist bestimmt die Gestalt und die Liebe das Wesen und die Bedeutung aller Geschöpfe. Darum erfährt der Mensch hinsichtlich der Dualität allen Seins allein über Experimentieren im manifesten Bereich niemals Erkenntnisse, sondern verschafft sich darüber bestenfalls Kenntnisse. Nur über sein Bewusstsein ist es dem Menschen möglich, die spirituellen Zusammenhänge der göttlichen Wirkungen in den Manifestationen als Erkenntnisse zu erahnen: nicht vordergründige physikalische Formeln, sondern spirituelles Verstehen.

„Der natürliche Mensch vernimmt leider nichts vom Geist Gottes" (1.Kor.2,14). Darum sagt Jesus zu seinen Jüngern: *„Euch ist es gegeben, die Geheimnisse des Reiches Gottes zu verstehen, diesen aber ist es nicht gegeben"* (Mt.13,11). Erkenntnis ist also keine Frage der Intelligenz, sondern der geistigen Erweckung. Jedes Verkündigungsgeschehen bedarf einer Offenbarung, denn das Bewusstsein der Menschen verändert sich, wie Paulus sagt: *„Ihr wart früher Finsternis, nun aber seid ihr Licht im Herrn. Lebt als Kinder des Lichts!"* (Eph.5,8).

Und das bedeutet für die Gegenwart die beginnende Öffnung des supramentalen Bewusstseins, das den Menschen in Zukunft zwar widerfahren wird, für das sie aber bereits gegenwärtig eine offene Einstellung entwickeln müssen, um nicht weiter in alten Strukturen zu verharren. Diese Öffnung für ein höheres Bewusstsein erreicht man z.B. über Meditation und Sinneswandel. Dieser bedarf allerdings der Selbsterkenntnis, die eine Umkehr und Sinnesänderung des Ego bewirkt. Dieses fundamentale Geschehen einer „intellektuellen Bekehrung" (Katharsis) besiegelt der Heilige Geist mit der „Wiedergeburt" (Joh. 3) oder Evidenz des supramentalen Bewusstseins. Joh.18,36: *„Mein Reich ist nicht von dieser Welt."*

Ⓓ *Heute muss „religiöser Glaube" durch bewusste Akzeptanz der alles bestimmenden Dualität zwischen Universum und Kosmos, Geist und Materie, Diesseits und Jenseits sowie Ätherleib und Physis ersetzt werden, was einzig und allein eine Bereitschaft und Öffnung für das „Supramentale Quantenbewusstsein" bedeutet. Einst Beten, heute ständige Bewusstwerdung; einst Meditieren, heute Selbsterkenntnis als Weg und Einstieg für evidente Offenbarung. Immerhin kann man gegenwärtig schon beobachten, dass in das begrenzte, rein wissenschaftliche Denken Bewegung kommt. Allerdings ist die Bereitschaft für eine wirkliche Lösung dieser aus der Dualität herrührenden polaren Gegenüberstellung von Religion und Wissenschaft noch nicht weit genug gediehen.*

Übertragungen von Urenergie auf die Träger-Substanz

Ⓓ **Wie aber funktioniert nun eigentlich die Übertragung oder Umwandlung der Urenergie über Neutrinos auf die „Substanz" als Träger? In der gegenwärtigen Wissenschaft spricht man in diesem Zusammenhang vom „Oszillieren der Neutrinos" – Würde dies bedeuten, dass es auch für Neutrinos einen Ruhezustand gäbe, und das wiederum wäre dann ein Zustand als Materie – oder?**

Nein, nicht so zu verstehen, denn mit dieser Vorstellung würde man versuchen, die Energie an bestimmte Frequenzen fest zu machen. Es gibt aber eine ganz natürliche Fortsetzung der Frequenzen (Schwingungen von „Geistteilchen") in anderen Dimensionen. Diese sind dann weder neutral, noch sind sie Materie in eurem Sinne, sondern es gibt davon wieder unendlich viele, genau wie die Frequenzen in eurer Dimension, die ja auch nur einen Ausschnitt in der Skala des Universums dar-

stellen. Neutrinos haben dann eine ganz ähnliche Bedeutung wie die Frequenzen in eurer Dimension. Natürlich haben sie darüber hinaus für den „Substanzzustand" anderer Dimensionen auch wiederum andere Bedeutungen als nur die von Frequenzen. So sind sie z.b. für die Möglichkeit von Erscheinungen zuständig und für die ständige Verwandlung derselben wie im Traum. Eure „Gestaltvorstellung" auf Erden ist eine relativ sehr feste, aber im Element Wasser oder Luft ist der Begriff der Gestalthaftigkeit schon kaum noch anwendbar. So muss man sich die „Gestaltgebung" über Neutrinos vorstellen, die in einem viel höherem Maße als bei euch von einer bewussten Vorstellungskraft abhängt. Mit dieser Kraft operiert euer Ätherkörper, der die Bilder der Phantasie und im Traum ermöglicht. Und das ist die Energie der Neutrinos. Darüber wird auch der Einstieg in die nächste Dimension erfolgen und eines Tages auch das Beamen möglich, und zwar, wenn die physischen Manifestationen eurer Körper wieder der ätherischen Bildhaftigkeit gewichen sind.

Die Grundenergie als solche wird in diesen Prozessen überhaupt nicht beeinflusst und bleibt als die schöpferische Urkraft immer die gleiche. Es handelt sich lediglich um zwei unterschiedliche Zustände von Frequenzen, die sich bedingen und deren Unterschied nur in der „Ausformung", nicht primär in der Substanz selbst liegt. „Ausstülpung als Manifestation" ist nichts anderes als die Ideenfrequenz, wobei diese „Lichtqualität" immer nur eine Seite im Kosmos zeigt: entweder das Teilchen oder die Welle. Idee ist Welle, Teilchen ist Gestalt – Beide wechseln im Universum ständig, trennen sich und vereinen sich. Licht als Quelle ist Gott, Licht als Sichtbarlichkeit ist Schöpfung. Und das bedeutet, dass alle „Manifestationen quasi nur geliehen wären", um der Liebe die Möglichkeit zu geben, im passiven Loslassen" aller „illusorischen Verhaftungen" an eine Maya oder Verblendung „aktiv" werden zu können – ein Paradoxon!

Ja, genauso ist es, denn der gesamte „Rückweg des Bewusstseins wieder zum Zentrum" erfolgt nur über eine „Auflösung aller Hüllen" (Verhaftungen) und ist als ein permanenter Öffnungsvorgang zu verstehen, in dem alles wieder abgegeben wird, um eine Höherpotenzierung des Bewusstseins über das loslassende Opfer aller Verhaftungen an die Welt zu erreichen. Denn es war das Feuer der Materie vermittels des latent vorhandenen feurigen Funkens des Denkens, das einst mit dem

Feuer des Geistes im Menschen in Berührung trat. Dieser Funke des Denkens, der im Tier durch den Instinkt zum Ausdruck kommt, trieb die materielle Form oder Substanz zu solcher Tätigkeit an, dass sie die Höhen zu erreichen vermochte, wo sie mit ihrem „Gegenpol", dem Geist, wieder Kontakt aufnehmen konnte. Dabei kamen die „Feuer" der Hierarchie in Berührung mit den irdischen Reibungsfeuern und fusionierten im Vormenschen, um dadurch eine erste Umwandlung des Bewusstseins hervorzurufen. Und das erfolgte über inkarnierende Wesen aus der nächst höheren Dimension, die diese Fusion zustande brachten, indem sie in die animalischen Träger der Vormenschen inkarnierten und auf diese Weise die Energiestrahlungen aus der Hierarchie mit einbrachten. Bereits dieser Tiermensch strebte aufwärts und der Geist antwortete auf dieses Streben; dabei hatte die Schwingung des Keimes der Mentalität die Substanz wie Hefe durchdrungen. So wurde das menschliche Bewusstsein erweckt.

Gegenwärtig sind Neutrinos in der Tat ein erster Ansatz für die Entdeckung der Urenergie, die sich aber nicht im Kosmos orten lässt, dafür aber als gedachte Energie um so größere Wirkungen zeitigt. Das wäre jetzt ein wirklicher Anfang, den Reich und Reichenbach allerdings schon im letzten Jahrhundert benannten.

(D) *In der Tat wäre der Einstieg über die so genannten Neutrinos möglich, weil sie die einzig erkennbare Möglichkeit der Urenergie aus der nächst höheren Dimension sind. Nur werden sie niemals mit der euklidischen Physik zu bestimmen sein. Dafür wird man das „Aufnahmeorgan" (Bewusstsein, Tesla!)) erst noch entwickeln müssen, um es zu verstehen, ohne es „bemessen" zu wollen. Aber letztlich operiert ihr ja auch mit Gravitation und Schwerelosigkeit, ohne zu wissen und zu erkennen, was es in Wirklichkeit ist. Selbst die Energie der Atomkraft ist keineswegs schon erfahrbar oder verstehbar – wird aber von euch praktiziert.*

Diese Urenergie fließt durch das gesamte Universum und ermöglicht das Leben. Sie ist dabei in allen Dimensionen des Universums die gleiche, wird aber in den verschiedenen Dimensionen unterschiedlich umgesetzt, erlebt und erfahren. Die Menschheit ist mit ihrem Bewusstsein jetzt an der Schwelle, den Zusammenhang mit den anderen Dimensionen neu zu entdecken, und zwar mittels der Physik, die sich jedoch damit auch zugleich *ad absurdum* führen wird. Frühere Zeiten erlebten die Urenergie eben nicht als „Fehlzündungen zwischen Quarks durch auftreffende Neutrinos", sondern als mystisch anmutende Wunder im Sinne einer Vision, Levitation oder Wunderheilungen, die alle nicht erklärbar waren. Auch die Neutrinos sind nicht erklärbar, ermöglichen aber den ungläubigen Wissenschaftlern vorerst die anderen Dimensionen als ein Zusammengehöriges zu akzeptieren und modellhaft zu „beschreiben" und so endlich den Schritt in die spirituelle Welt hinter der Physik zu tun und die Metaphysik zu akzeptieren und zu verstehen.

Voraussetzung für diesen universalen Prozess ist, dass alle „Teilchen" über die Urenergie im Universum direkt miteinander verbunden sind. Das Umsetzen von Ideen geschieht durch einen Prozess kontinuierlicher Energieverdichtung von Strukturen bis hin zum materiellen Kosmos und erfolgt über Nullpunktenergie, weil diese allgegenwärtig ist und durch alle Körper fließt. In der Nullpunktenergie ist alles in der Schöpfung in Ideen oder in Samenform angelegt und funktioniert perfekt, und zwar wenn die Schöpfungsplanung über die Nullpunkt-Energie in die physische Welt umgesetzt wird, wobei Tachyonen jene „Partikel" sind, die eine Verbindung zwischen Ideen und Manifestationen herstellen. Denn die Tachyonen, die selbst formlos sind, tragen in sich alle Ideen und Informationen, indem sie geformte Überlichtgeschwindigkeitsfelder bilden, worüber die Umsetzung von Ideen erfolgt.

Diese gestaltbestimmenden „Nullpunkt-Energien" sind keine Informationen elektro-magnetischer Art, sondern unendlich viele Abstufungen von Energieformen, die bei der Umsetzung von Gedanken in ein sichtbar daraus „Hervorgehendes" im Kosmos beteiligt sind. Vor allem aber ist es die Berührung und Verbindung dieser Energien mit dem alles durchflutenden Äther im Kosmos. Dieser Äther ist der Urenergie noch sehr ähnlich; und von diesem hängt das gesamte Leben im Kosmos ab. Natürlich auch das Bewusstsein der Menschen, denn das ist selbst wieder eine Annäherungsform an den Geist der Urenergie, weshalb das Bewusstsein auch eine besondere Affinität zur Urenergie hat.

Ⓓ *Schöpfung selbst wäre demnach eine Art „Substanzieren von Ideen"?*

Verkürzt könnte man es so sagen, ist doch das ganze Universum nichts anderes als die Verkörperung Gottes. Es ist die spirituelle Energie selbst, die sich zur eignen Erhaltung ständig im Produzieren einer aus ihr flie-

ßenden Kraft aus sich herausstellt. Substanz entsteht quasi dabei als der Energieschub im dualen Erschaffen und Beleben und die Unschärferelation ist die selbst erzeugte Spannung des ewigen Lebens, was aus der Urenergie gespeist und durch das Bewusstsein beeinflusst wird. Einerseits entwickelt sich das Bewusstsein durch diese Energie, anderseits erfährt die Urenergie über das sich wandelnde Bewusstsein immer wieder eine neue Bedeutung.

Tachyonen und Neutrinos als Transmitter

In diesem sich permanent wandelnden Bewusstseinsprozess sind die Tachyonen und die Neutrinos die Transmitter, die eine Brücke zwischen Idee-Geist und Materie-Gestalt bilden. Diese sind keine echten Elementarteilchen, sondern eher eine Ansammlung elektrisch geladener Quarks, die keine Masse besitzen und somit in den Bereich der „kosmischen Strahlung" gehören. Sie sind für uns rein virtuell und nicht messbar, müssen aber auf Grund ihrer Wirkungen, die durchaus messbar sind, als existent akzeptiert werden. Sie sind zwar selbst nicht zu fokussieren, denn sie sind elektrisch neutral und daher durch Magnetfelder nicht zu beeinflussen, erzeugen aber in der Fusion mit Magnetfeldern bei Elektronen und Photonen Strukturmuster, die dann wiederum Frequenzverbindungen erstellen. Darum kann man diese neutralen Teilchen nur über eine Wechselwirkung erfassen, über die bestimmte Signaturen erzeugt werden. Denn hinter dieser Energiestrahlung verbirgt sich die grundlegende spirituelle Natur aller Gestalten, wobei alle Veränderungen in der Materie über die Verbindungen mit elektronischen Vorgängen erfolgen, die wiederum Mutationen in den manifesten Strukturen hervorbringen.

Jede erscheinbare Realität besitzt Frequenzgleichheit mit der dahinter wirkenden Idee. Zwischen Welle und Teilchen liegt immer Frequenzgleichheit vor. Das hatte bereits Tesla festgestellt. Bei diesen Wechselwirkungen zwischen einem Neutrino und einem Elektron prallt das Neutrino vom Elektron ab, wobei hohe Mengen von Energie und Impulse ausgetauscht werden und Elektronen mit Protonen durch den Austausch eines Photons in Wechselwirkung treten. Als kosmische Strahlung sind Neutrinos quasi

„Solare Raumschiffe"[69] und bieten die einzige Möglichkeit, den massiven Schild eines Sternkörpers zu durchdringen und zu erkennen, wie es in seinem Zentrum aussieht. Diese Botschaft erreicht uns ununterbrochen, von einem Strahl getragen, der so hell ist wie das Licht der Sonne und den wir doch nicht wahrnehmen können." (Phil. Morrison)

Es geht dabei um „Wechselwirkungen" zwischen „gedanklichen und substantiellen Energien". Denn das gesamte Universum ist eine verkörperte und als Manifestation „eingekleidete Gedankenform". Allein der Mensch besitzt die Fähigkeit, diese „Einkleidungen zu erkennen und selber ständige „Einkleidungen" für die Formen seiner Ideen zu erschaffen. Gegenwärtig geht es allerdings der Wissenschaft noch überwiegend um das objektive Erfassen dieser „Einkleidungen" (Hüllen) aller Manifestationen und um eine wissenschaftliche Begriffsbestimmung dieser Außenwelt, die man in Indien als „Maya" (Illusion) bezeichnet. Form an sich ist immer nur illusionäres Abbild, welches auf seinen spirituellen Hintergrund hin enträtselt werden muss. **Gestalt bildet nur ab und verhüllt damit zugleich als Form ein Wesentliches.** Denn das, was wissenschaftlich konstatiert wird, bezieht sich allein auf objektiv äußerlich beweisbare Tatsachen. Darum ist das, was der moderne Wissenschaftler heute als Tatsache ansieht, lediglich eine partielle Annäherung an einen sehr winzigen Teil irgendeines größeren Ganzen. Es betrifft nur den objektiven Teil der Manifestationen, wobei die „Essenz" überhaupt nicht berücksichtigt wird. Was man aber nur sehen und berühren kann, ist bloß eine „Wirkung", der innere Ursachen zugrunde liegen. *„Ich meine, dass das Universum als formlose Potentia in unzähligen möglichen Verzweigungen im transzendenten Bereich existiert und erst dann manifest wird, wenn es von bewussten Wesen beobachtet wird"*[70], und das ist nur durch die Quantenmechanik erklärbar.[71]

Die Wirklichkeit der Schöpfung vollzieht sich in einem „dynamischen Schaukelspiel" zwischen aktuellen und potentiellen Informationen. Aktuelle Informationen sind alle wahrnehmbaren energetischen Wirkungen, die mit unseren Sinnesorganen registrierbar und wegen ihrer Lokalisierung fokussierbar sind. Die „potentiellen Informationen" hingegen sind als „Welt der Möglichkeiten" der imaginäre Aspekt der Wirkungen in allen Lebensformen. Dieser Bereich wurde bisher von der Wissenschaft kaum

---

[69] Christine Sutton; „Raumschiff Neutrino", Geschichte eines Elementarteilchen.
[70] Heisenberg, Werner
[71] Goswami; „Das bewusste Universum", S. 183: Viele Dimensionen erklärt durch Quantenmechanik

berücksichtigt. Es geht dabei um die Erforschung der Wechselwirkungen und Übertragungen, jene Kommunikation der beiden „Seinsbereiche", die für das Verständnis des Funktionierens dieser Prozesse so wichtig ist. Man nennt diese Wechselwirkungen das „Taoprinzip" des Lebens, weil es auf den verschiedenen Seinsebenen im Universum jene „geeinten Polaritäten" hervorzubringen vermag, die für die Entstehung, Erhaltung und Weiterentwicklung des Lebens notwendig sind. Nur an dieser Nahtstelle findet Schöpfung statt, denn Schöpfung ist nicht nur das Erscheinen von Neuem, sondern Schöpfung findet in jedem Augenblick statt, in dem die Organisiertheit materieller Gegebenheiten erhalten wird. Um eine Ordnung aufrecht zu erhalten ist Energie notwendig, wird dagegen Ordnung zerstört, läuft die Energie ins „Leere", indem sie über die Transparenz und Auflösung der Materie für weitere schöpferische Ordnungen „Platz" schafft, wobei jedes Materieteilchen an dieser „energetischen Bewusstheit" auch weiterhin teil hat.

Diese Wechselwirkungen folgen dem Gesetz der Schwingungen; sie sind buchstäblich die „Resonanz"[72] oder Reaktion der Substanz auf eine Kraft, die spirituellen Ursprungs ist und von irgendeiner bewussten oder unbewussten Quelle ausgeht. Das ist die „Quelle oder der primäre Impuls, um ein schwingungsfähiges System zum „Aufschaukeln" von Energieübertragungen zu bringen. Physikalisch gesprochen handelt es sich dabei im Kosmos um das Skalarpotential des „sogenannten Vakuums", das selbst keine „Masse" besitzt und deshalb bei „Übertragungen" auch keinen störenden Einfluss auf die Energieschwingungen selbst nehmen kann, sondern quasi in Bewegung versetzte Wellen sind, indem „Verdichtungen und Verdünnungen" verursacht werden; und das bedeutet, dass im Kosmos Skalarwellen jederzeit durch Interferenzen in elektromagnetische Wellen und in Materie umgewandelt werden können, um auf diese Weise – nach Bearden[73] – sowohl Bewusstsein als auch Substanz steuern, bzw. auch umgekehrt von beiden beeinflusst werden zu können.

---

[72] Als Resonanz werden in der Physik Vorgänge bezeichnet, bei denen ein schwingungsfähiges System mit seiner Eigenfrequenz durch Energiezufuhr angeregt wird. In diesem Fall beträgt die Phasenverschiebung zwischen Erreger und erzwungener Schwingung 90 Grad, der Energieübertrag auf das schwingungsfähige System ist in diesem Fall maximal. Hierdurch kann die Amplitude des angeregten Systems auf ein Vielfaches der Erregeramplitude ansteigen.

[73] Bearden, Tom; „Skalartechnologie": „Insofern ist Beardens Theorie richtig; falsch sind nur seine alten physikalischen Begriffe. Es sind keine Gravitationswellen, sondern Urenergiestrahlungen, die eben nicht schon physikalisch nachweisbar, aber durchaus bereits erfahren sind. Sklalar ist eine unbenannte Zahl Vektoren – sind Flächen-Tensore – sind Bestimmungen.

Skalarwellen sind longitudinal schwingende massefreie Wellen im elektrostatischen Potential des Vakuums, die nicht an die Lichtgeschwindigkeit (Licht ist eine Vektorwelle) gebunden sind und sich deshalb schneller oder langsamer als das Licht bewegen können. Es sind quasi „trägerfreie Energien", die über das menschliche Bewusstsein auch „angezapft" werden können. Diese Einflüsse oder Schwingungen, die in Substanz eine Resonanz erwecken, wirken auf jede Form und jedes Atom im Kosmos ein; und es lässt sich von ihnen lediglich sagen, dass sie selbst Bewusstsein irgendwelcher Art zu entwickeln suchen, dass sie ferner je nach der bewussten Resonanz, die sie erweckt haben, diesem „Empfänger" bestimmte Rhythmen auferlegen und dadurch Konglomerate hervorrufen. Es handelt sich um ein sogenanntes Transferpotential, eine Übertragung, die sich nur über die Quanten-Nichtlokalität erklären lässt, weil beide: Geist und Quant auf grund ihrer Quantennatur als ein nichtlokales korreliertes System agieren. Darum weisen alle „Daten" zwischen Geist und Quant Parallelen wie Unschärfe, Komplementarität, Quantensprünge, Nichtlokalität auf, was man **Quanten-Funktionalismus** nennt.[74]

[74] Thomas Bearden

„Kohärenz" / Quanten-Funktionalismus

Seit der Entstehung der Quantenphysik rücken die Zusammenhänge zwischen Energien und Bewusstsein immer stärker ins Blickfeld der Forschung. Bereits G.-Th. Fechner postulierte im 19.Jhdt. die Hypothese, dass Atome Zentren reiner Energien seien und begriff diese als unterste Bausteine einer geistigen Hierarchie. Danach haben alle „Teilchen" eine bewusstseinsmäßige Qualität, denn die *„Wurzel des Quantenprinzips ist das Bewusstsein:* *„Alle Elementarteilchen besitzen erste Anklänge einer Willenskraft, Selbstaktivität oder eines Geistes."* (Cochran)[75] Nach dieser Theorie folgt die „Geisthaftigkeit der Materie" aus der Unschärferelation, die sich wiederum aus dem Doppelcharakter der Materie als „Welle und Teilchen" ergibt. Dabei repräsentiert die Wellenhaftigkeit den geistigen Aspekt, die Teilchenhaftigkeit den materiellen. In ihrem Werk „Das Bewusstsein des Atoms" spricht Alice Bailey[76] von einer „Hierarchie des Teilchenbewusstseins", welches die verschiedenen Eigenschaften gedanklicher Ideen in den Elementen der Teilchen bei einer Gestaltwerdung bestimmt. Heute nennt man jene „geistbegabten" subatomaren „Teilchen" Tachyonen[77] und vermutet, dass diese noch verschiedene Wirkpotentiale von bisher ungeahnten Eigenschaften besitzen könnten, die rein psychischer Natur sind. Dabei ist die Kohärenz[78] der Biophotonen die Brücke zwischen Geistigem und Materiellem.

Kohärente Zustände sind „Wellenpakete" mit ganz außergewöhnlichen Eigenschaften. In diesen eigenartigen „kohärenten Zuständen" gilt die für die Quantenphysik grundlegende Regel der „Unschärferelation", in der sich somit prinzipiell unvereinbare Gegensätze zu einer neuen höheren

---

[75] Für ihn ist die Quantenmechanik die mathematische Beschreibung der doppelten Geist-Partikel-Eigenschaften der Materie. Biophotonen S. 411 A. Cochran, Eugene Wigner
[76] Alice Bailey; „Das Bewusstsein des Atoms"
[77] Tachyonen sind schneller als Lichtgeschwindigkeit – imaginär – nur an ihren Wirkungen zu erkennen – Stehen in Verbindung mit dem Äther und *sind zwar gequantelt, aber doch keine Teilchen und im Gegensatz zu den Photonen ohne Energieladung; sie haben einen imaginären Charakter*
[78] Kohärenz ist die Fähigkeit der Wellen zur Überlagerung, wobei sich die Feldamplituden räumlich verschiedener Photonenquellen gegenseitig verstärken oder abschwächen. Dadurch entsteht eine Ordnung eines kommunikativen Feldes. Fritz-Albert Popp sieht die Kohärenz als Brücke zum Geistigen und spricht von einer kohärenten kollektiven Raum-Ordnung. Dabei sind Photonen Mittler zwischen Materie und Geist als „Doppelgesichtigkeit des Lichtes" – siehe auch Quantenphysik: „Die Wurzel des Quantenprinzips" ist das Bewusstsein.

Einheit vereinen, deren Spannung mitten zwischen Teilchen und Wellen-aspekt liegt. Dabei ist ein Teilchen definitionsgemäß etwas Lokalisiertes, sozusagen eine auf einen Punkt zusammengeschrumpfte Welle. Dabei gibt es reine Kohärenz, beziehungsweise Wellenhaftigkeit ebenso wenig wie reine Teilchenhaftigkeit oder Inkohärenz. Beide Zustände sind ineinander verflochten und können einander nie völlig vernichten.

Zwei Bewusstseinssysteme

Goswami spricht in diesem Zusammenhang sogar von zwei Bewusstseins-systemen (216): „Es existieren im Gehirn zwei Bewusstseinssysteme, und zwar ein Makro-Quantensystem, ein Konglomerat von Archetypen als universale Quanten und das physische Gehirn, was nur ein Messapparat ist."[79] Korrekter wäre: Nicht im Gehirn, sondern über den „Ätherkörper" funktioniert ein Quantenmechanismus wie ein Laserstrahl. Als nichtlo-kales Bewusstsein durch Überlagerungen von Kohärenzen, worüber ein Transferpotential ausgelöst wird, was sich in der formlosen „Potentia" im transzendentalen Bereich des Bewusstseins befindet, und vom physischen Gehirn lediglich registriert wird.

„Das ist jene Quantenmechanik im nichtlokalen Bewusstsein unseres Ätherkörpers, über die jener Kollaps und jene Diskontinuität herbei-geführt wird, ohne die wir keine „Hierarchie unterschiedlicher Bewusst-seinsdimensionen" hätten. Unser „Selbst" entstammt dieser Hierarchie sowie unser Bewusstsein vom Sein, weil es keinen anderen Ursprung des Bewusstseins im Universum gibt. Beide kommen aus der „Spaltung von Subjekt-Objekt", denn die Welt muss sich zunächst selbst zerteilen, und zwar in einen Zustand, der sieht und in einen, der gesehen wird. Durch den Menschen ist sich das Universum seiner selbst bewusst —denn im Menschen teilt sich das Universum selbst in Subjekt und Objekt, und ohne die immanente Welt aller Manifestationen gibt es keine Seele, kein Selbst,

---

[79] Goswami; S.216; Das physische Gehirn funktioniert wie ein Computer, der mit Programmen arbeitet, die aus reiner Zweckmäßigkeit den deterministischen Gesetzen der klassischen Physik folgen. Das Quantensystem arbeitet hingegen mit Programmen, die nur teilweise algorithmisch sind und wie ein Laser funktioniert und sich dem nichtlokalen Bewusstsein öffnet.

das sich selbst als etwas von den Objekten, die es wahrnimmt, Getrenntes erfährt: Das Quanten-Selbst.“[80]

Bewusstwerdung

Wir Menschen reagieren mit dem „Erwachen unseres Ego" primär auf mentale Programme oder konditionierende Vorgaben in einer bewusst festgelegten Hierarchie von Regeln und Gesetzen. Dadurch fangen wir an, ein getrenntes individuelles Ego vorauszusetzen, das wählt und einen freien Willen hat. Aber selbst diese erlernten Programme, die nur zu Sekundärereignissen beitragen, verbleiben immer noch Teil einer spirituellen Hierarchie, die jedoch in ihrer kausalen Kette einen Riss erfährt. Dieser Sprung oder diese Diskontinuität, entspricht nicht nur der Rolle des Quantensystems, sondern jener durch das nichtlokale Bewusstsein hervorgerufene „Kollaps" lässt sich auch nur über das Quantensystem erklären. Allerdings wird diese Diskontinuität im realen Leben ständig verschleiert und als Akt des freien Willens eines Pseudo-Selbst ausgelegt, woraus dann irrtümlich eine Identifikation des nichtlokalen Subjektes mit einem begrenzten, individuellen ICH entsteht. Nur in einer Höherpotenzierung unseres „real"-linear-konditionierten Bewusstseins lässt sich dieser „Riss" im kausalen Denken über das supramentale Bewusstsein transferieren, bzw. durch eine im Bewusstsein selbst stattfindende Kohärenz überbrücken.

Denn selbst in der „Welt der Gedanken" existiert für Bohm eine Art „kohärenter Wechselwirkung". In seiner Schrift „Die Implizite Ordnung" wird der „Quantenäther" als richtungsweisend auch für das zukünftige Denken der Menschheit bestimmend. *„Die implizite Ordnung ist fundamentaler und umfassender als die explizite Ordnung. Sie erscheint wie ein Wurzelgrund, in dem die Objekte der expliziten Ordnung vor ihrer Manifestation in virtueller Form als „Keime" oder „Urbilder" ruhen".*[81] Darum scheinen auch geistige Phänomene wie Gedanken „Komplementarität" aufzuweisen. Diese Wechselwirkungen gelten nämlich nicht nur für Objekte unserer äußeren Wahrnehmungswelt, sondern gleichermaßen für die „inneren" Er-

[80] Goswami a. a. o.
[81] David Bohm; Die implizite Ordnung

scheinungen unserer subjektiven Welt, für die Gestalten unseres Denkens, Fühlens und Vorstellens. So wie „*jeder Moment des Bewusstseins einen gewissen expliziten Inhalt hat, der ein Vordergrund ist, und einen impliziten Inhalt, der ein dazugehöriger Hintergrund ist*", so hat auch jedes Materieteilchen als expliziter Teil einer Ganzheit seine Ergänzung in der impliziten Ordnung. Auch Gedanken haben zwischen ihren expliziten Äußerungen eine implizite transzendente Überlagerung durch transzendente Archetypen: Denn Tätigkeit des Geistes ist immer mit Nichtlokalität verbunden. Darum machen Gedanken als „Beleber des Bewusstseins" den Stand (Level) eines menschlichen Bewusstseins aus, weil Gedanken den Menschen naturgemäß nur über den Ätherkörper erreichen, der dann die Frequenz ins menschliche Gehirn umsetzt (transponiert), so dass Gedanken dann wiederum über die Vernetzung der Nerven für einen Menschen „begreifbar" werden. „*Daraus ergibt sich der Schluss, dass Psyche und Materie in einer und derselben Welt enthalten sind, überdies miteinander in ständiger Berührung stehen und schließlich beide auf anschaulichen transzendentalen Faktoren beruhen und deshalb nur zwei verschiedene Aspekte ein und derselben Sache sind.*" Dabei erhebt sich die Frage:

D **Ist hinsichtlich des Entwicklungsprozesses des menschlichen Bewusstseins auch die kohärente „Mittlerrolle" der Biophotonenfelder als Prinzip maßgebend?**

Als Prinzip schon das Gleiche, nur nicht hinsichtlich der gleichen Lichtenergie. Sie ist hinsichtlich des menschlichen Bewusstseins eine ganz andere, die nichts mehr mit mikroskopisch vergleichbaren Bewegungen zu tun hat. Nicht, weil das Empfängerorgan anders strukturiert wäre, sondern es werden einfach bei den für die Entwicklung des menschlichen Bewusstseins notwendigen Energien ganz andere Bewusstseinsfelder angesprochen, die man nicht mit den Biophotonenfeldern vergleichen kann. Der Mensch ist ein sehr hohes gestaltetes Feld von Energien, das zwar in seiner Mikrostruktur noch nach den bereits beschriebenen Prozessen abläuft, wovon aber der Mensch als Geistwesen nicht mehr berührt wird. Es ist eher umgekehrt, dass z.B. eine nicht gelungene Einstrahlung von Energien in das Bewusstsein eines Menschen rückwirkend auf seine körperlichen Mikroprozesse sichtbar wird – dadurch entstehen z.B. Krankheiten.

Ferner weisen Übertragungen von Ideen oder Gedanken auch auf eine Art „Kommunikation" innerhalb der Bewusstseinssphäre selbst hin, die eine gemeinsame und parallele Ursache zwischen Geist und Quant aufweisen. Diese Koinzidenzen unterliegen einer Art Synchronizität und beweisen, dass ein simultanes Vorhandensein von sinngemäßer Gleichartigkeit in heterogenen, kausal nicht verbundenen Vorgängen besteht; und das bedeutet, dass Psyche und Materie in einer Welt enthalten sind, miteinander in Berührung stehen und auf unanschaulichen transzendenten Faktoren beruhen[82]. C.G. Jung nannte den transzendenten Bereich des Bewusstseins, in dem die gemeinsame Ursache synchroner Ereignisse liegt, das **Kollektive Unbewusste**, weil wir die nichtlokale Natur solcher Ereignisse normalerweise nicht bemerken.[83] *„Daraus ergibt sich der Schluss, dass entweder die Psyche räumlich nicht lokalisierbar oder dass der Raum psychisch relevant ist."*

Auf diese Weise lösen alle „geistigen Eingaben und Wechselwirkungen" im Laufe der Entwicklung im Gehirn bisher latente Module aus, über die jede weitere Entwicklung erfolgt, was zum Anwachsen einer zunehmenden „Vergeistigung" und Öffnungsbereitschaft aller Empfangsmöglichkeiten führt. Dieses „Öffnen" wird die Aufgabe des Neuen Äons sein. Dabei handelt es sich primär um die Aktivitäten des Ätherleibes, der bisher für die Menschen nur eine abbildhafte Funktion der Physis hatte und als Aktivposten bisher nur sehr selten in Erscheinung trat, lediglich bei Heiligen und telepathisch Begabten. Zwar wird das in Zukunft für viele Menschen geöffnet werden, wobei diese „Öffnung" aktiv über den Willen nicht zu erreichen sein wird, sondern allein nur über ein bewusstes Loslassen aller kontrollierenden Willensimpulse, die bisher jeden „spirituellen Empfang" solcher Übertragungen zunichte machten. „Latent" bedeutet dabei: Alle Anlagen dafür sind vorhanden, haben aber bisher „geschlafen" und müssen erst zur Funktionalität erweckt werden; denn nur darüber erfolgen in Zukunft alle Bewusstseinsveränderungen.

Ⓓ *Warum ist ein solches bewusstes Verstehen sowie das Empfangen dieser spirituellen Kräfte nicht längst erfolgt?*

---

[82] Goswami S.79; Mystiker können diese fundamentale Realität der Einheit in der Vielheit erfahrungsgemäß bezeugen: „Mein Sein ist Gott, nicht durch bloße Teilnahme, sondern durch wahre Transformation." Hl. Katharina
[83] C. G. Jung; „Die Dynamik des Unbewussten" 1967

Weil alle Entwicklungen auf Erden „ihre Zeit" haben, um Initial-zündungen auszulösen, und dafür müssen auch alle Bezugssysteme vorgegeben sein. Bei vielen Menschen, die ihr als verrückt bezeich-net, erfolgen z.B. solche „Öffnungen" zu früh, ohne dass alle phy-siologisch-psychologischen Bezugssysteme dafür schon „reif" sind. Allerdings befindet sich gegenwärtig die gesamte Menschheit wieder in einer großen Bewusstseinsumwandlung, über die ein erneuter Ent-wicklungsschub erfolgt, und zwar über „Radioaktivität". Der Ansatz für die Lösung erfolgt über das bewusste Begreifen der „Unschärferela-tion", weil in dieser Spannung alle Energiebewegungen verankert sind.

In diesem Spiel antagonistischer Kräfte wirkt die UNSCHÄRFERELA-TION als das Spannungsfeld, in welchem sich bereits das Atom pro-portional zwischen „Geist und Gestaltungsträger" entscheiden muss. Denn Trägersubstanz, Gestaltgebung und Bewusstsein sind in der Schöpfung gemeinsam für die aus ihrer Vereinigung in der Monade hervorgehenden Wirkungen verantwortlich. Dabei ist die „Unschär-ferelation" die selbst erzeugte Spannung des ewigen Lebens, die sich darin als Permanente im Erschaffen von Substanz sowie als Gegen-pol für die Spannung einer in sich kreisenden Energie erweist, und sich selbst als Erzeugende dieser Spannung und zugleich als Energie allen Lebens erhält, was sich in dieser Polarisierung als „Unschärfe-relation" bestätigt. Darum muss noch viel mehr darauf hingewiesen werden, wie wichtig die Radioaktivität auch für die Bewusstseins-Höherpotenzierung ist. Denn nur darüber geht doch jeder Bewusst-seinswandel, und zwar genauso wie in der Materie. Auch jedes neue „Bewusstsein entflammt" immer nur über das Sterben des Alten, das lediglich integriert wird.

Jede Höherpotenzierung des Bewusstseins geht immer mit einer „Ent-materialisierung" parallel. Das bedeutet, gedankliche und gefühlsmäßige „Verhaftungen" über eine lösende Selbsterkenntnis oder über Meditati-onen zu läutern. Denn wenn man „geläutert" ist, können keine linear-kausalen Störungen mehr auftreten. Über Intuitionen ist es den Men-schen möglich, in der Tat einen ersten Schritt in die richtige Richtung tun, denn eine wachsende Bereitschaft für intuitive Eingaben besitzt die besten Aussichten das zu entdecken, was die inneren verborgenen Kräfte beabsichtigen. Diese verborgenen Kräfte sind telepathische und intuiti-ve Übertragungen, die Anfänglich jedoch durch das mentale Bewusst-sein noch blockiert oder verunreinigt werden, aber das ist gegenwärtig die einzige Möglichkeit, über die Intuition als Mittel des Übergangs das verborgene Supramental selbst in den Vordergrund des Bewusstseins zu bringen. Denn das Supramental ist für den Menschen heute noch keine ursprünglich erkennbare Macht, sondern wirkt noch verborgen und muss erst entdeckt werden, um effektiv werden zu können.

Intuition

Gegenwärtig wirken Intuitionen bei den meisten Menschen noch sehr verdeckt wie etwas Partielles, Zufälliges, Fragmentarisches oder Momentanes, weil unser bisher konditionierter Intellekt ein Hindernis für einen ungestörten Empfang solcher Eingaben ist und Intuitionen immer wieder unterbricht. So bleibt die Intuition fast immer nur Anregung, Inspiration, zuweilen vielleicht Offenbarung, deren sich aber dann die „Vernunft" bemächtigt und dabei nicht nur die Wahrheit verändert, sondern auch die potentielle Kraft der Erleuchtung durch Ergänzungen einschränkt, um sie den Bedürfnissen des Empfängers zu unterwerfen.

Ⓓ *Darum müsst ihr alle Aktionen der Intuition „ausweiten", damit sie euch so selbstverständlich wie eure Denkprozesse werden. Das erreicht ihr jedoch nur, wenn ihr die Übermacht eures Denkens mehr und mehr einschränkt und zum Schweigen bringt. Meditationen sind dafür eine gute Möglichkeit, Denken, Wollen und Fühlen umzuwandeln. Diese Umwandlung erstreckt sich dann in einer Übergangsphase, bis das supramentale Bewusstsein endlich greift und die alleinige Führung übernimmt.*

Leider sind viele „spirituelle Eingaben", die Menschen heute schon empfangen, oft sehr abstrakt und mathematisch-theoretisch (z.B. Formel von Einstein!)?

Diese mathematischen Formeln sind lediglich zum Verstehen für die wechselnden Bedingungen im Kosmos gedacht und unterliegen dem ständig sich wandelnden Prozess des Bewusstseins. Darum muss darüber hinaus ab jetzt das Potential der darüber liegenden Be-

wusstseinsdimension, also eure Traumdimension, wieder aus der Latenz ins Wachbewusstsein gehoben werden.

Tatsächlich gibt es hinter eurem Wachbewusstsein, das über die Sinnes-Organe die Außenwelt wahrnimmt, spirituelle Bereiche, die sich den Menschen erst über das kosmische Bewusstsein öffnen werden.[84]

Noch sind diese Hintergrundsbereiche bei den meisten Menschen nur verborgen wirksam, beeinflussen aber schon, ohne dessen immer bewusst zu sein, alle subjektiven Erfahrungen. Wenn dieser Bereich voll geöffnet sein wird, was das Ziel des nächsten Äons sein wird, werden die Menschen erkennen, wie die gesamte Lebenskraft, die sich in den Menschen individualisiert hat, mit der universellen Lebenskraft identisch ist. Sie offenbart sich dann als dynamisches Wirken des Geistes und bewirkt so die wahre Offenbarung der spirituellen Wirksamkeit, die sich hinter dem materiellen Kosmos befindet."

Wir bestimmen also die Wirkungen im Leben mit?

Ja, denn es geht bei allen Intuitionen immer auch um ein Risiko, sich neuen Anforderungen zu stellen und das Wagnis auf ein Unbekanntes und Neues einzugehen.

Opitz spricht in diesem Zusammenhang von einem „Attunment", was so viel bedeutet wie eine „Ausrichtung auf etwas Neues", was immer im Leben erfolgt, wenn eine partielle Entwicklung sich in einem Bifurkationspunkt befindet: „*Wenn wir uns in unserem Körper-Geist-Komplex in einem Bifurkationspunkt[85] befinden und unser Attunment mit der Nullpunkt-Energie übereinstimmt, kann man einen „Quantensprung" in eine positive Richtung vollziehen. Dabei ist die harmonisierende Kraft aus der Nullpunkt-Energie die Gnade Gottes, die uns zu unserer eigenen göttlichen Entfaltung führt, wobei das Attunment unsere Einladung an diese Gnade ist, in uns zu wirken.*"[86]

---

[84] Goswami a.a.o., S. 182: Ich meine, dass das Universum als formlose „Potentia" in unzähligen Verzweigungen im transzendenten Vereich existiert und erst dann manifest wird, wenn es vom bewussten Wesen erkannt wird.
[85] Bifurkationspunkt (nach Ilya Prigogine): „der Moment der Wahrheit, in dem sich die Zukunft eines Körpers entscheidet – ein Quantensprung! „Weggabelung"
[86] Opitz; „Unbegrenzte Lebenskraft durch Tachyonen" S. 42 ff.

Allerdings ist ein solches direktes, vollkommenes Attunment über die kosmischen Nullpunkt-Energie selbst nicht leicht herzustellen, weil Nullpunkt-Energie formlos und unstrukturiert ist, unser Körper-Geist-Komplex dagegen eine strukturierte Form von Energie darstellt. Das Problem ist also die Frage, wie sich etwas Geformtes mit einer formlosen Energie verbinden kann. So ist Nullpunkt-Energie zwar formlos, existiert aber im Kosmos auch in einer strukturierten Form als „Partikel", die sich mit Überlichtgeschwindigkeit bewegen: Es sind jene „Tachyonen" oder Tachyonen-Felder, die wie die Null-Energie die gleichen Eigenschaften besitzen und in sich den gesamten Bauplan der Schöpfung tragen. Opitz spricht darum weiter vom „Wunder der Tachyon-Felder".

Da Tachyonen keine spezifische Frequenz – so wie die Urenergie – haben, können sie nicht durch Fremdenergien beeinflusst werden. Der Verdacht liegt nahe, dass es sich bei Tachyonen um nichts anderes als die Urenergie selbst handelt. Denn *„ein ganz entscheidender Unterschied zwischen Tachyonen-Energie und allen anderen Energien besteht darin, dass sie keine spezifische Wirkung auslöst, sondern über die Tachyonen-Energie erhält das gesamte Energie-Kontinuum Zugang zu einem allumfassenden Energiebüffet, von dem es sich nimmt, was und wie viel es braucht.* **Wir steuern also selbst über unser Bewusstsein die Wirkung, die Tachyonen-Energie auf uns ausübt."**

Solange das jedoch nicht erfolgt, wird das der Grund sein, warum die kosmischen Prozesse in ihrer Endgültigkeit innerhalb des universalen Zusammenhangs noch immer nicht richtig verstanden werden können. Das wird aber in Zukunft über das neue Bewusstsein erfolgen, das wieder stärker intuitiv-telepathisch empfangen wird, und zwar ähnlich wie einst die Menschen in der magischen Bewusstseinsphase der Menschheit[87]. Der entscheidende Unterschied zur heutigen Menschheit ist der, dass der damaligen Menschheit die Integrationsmöglichkeit in die mentale Bewusstseinssphäre fehlte, was der Grund dafür war, dass eine real-bewusste Umsetzung dieser „Eingaben" nicht bewältigt werden konnte. Leider ist gegenwärtig am Ende des gesamten Äons der „intuitive Empfang" in eine total „intellektuelle Sackgasse" geraten und darum kaum wirklich zu einer realen Umsetzung „brauchbar". In der magischen Bewusstseinsphase erlebten die Menschen das Leben wie heute die Menschen im Traum.

---

[87] Jean Gebser: Ursprung und Gegenwart – magische Bewusstseinsphase

Traumwelt und Wachbewusstsein

Gegenwärtig ist dieses „Erleben" den Menschen nur im Schlaf möglich, in dem sie sich in höheren „Bewusstseinsdimensionen" aufhalten, die den Menschen jedoch noch von seinem Wachbewusstsein trennen. Darum erfolgt allein im Schlaf eine verstärkte Ankoppelung des Ich an höherdimensionierte Strukturen, wobei sich der „feinstoffliche Körper" (Ätherkörper) vom niederdimensionalen grobstofflichen Körper „abhebt", um die schier unerschöpfliche Fülle vorhandener feinstofflicher Energie aufzuladen. Das, was das Ich als Müdigkeit und Sehnsucht nach Schlaf erfährt und im Tiefschlaf erlebt, ist die Erfüllung seiner unbewussten Sehnsucht, sich als bewusstes ICH (Teilbewusstsein) mit dem unbewussten Allbewusstsein zu verbinden. Denn nur diese im Schlaf „erlebte" Verbindung gibt dem Ich die Kraft und Energie, um die umgewandelte Vertikalenergie als Horizontalenergie im wachbewussten realen Leben aufrecht erhalten zu können. Im Gegensatz dazu wirkt im Tagesbewusstsein oft der allein vom Ego her bestimmte Intellekt als Sperrfilter für solche schöpferischen Ideen, die während des Schlafs den Menschen frei zur Verfügung stehen. Keine noch so kostbare Medizin kann diesen „Aufladungsprozess mit feinstofflicher Lebensenergie" ersetzen, denn das ist der Lebenselixir schlechthin! Man kann den Schlaf darum als einen induzierten parabioenergetischen Aufladungs- und Regenerationsprozess zur Stützung unserer bewussten „materiellen Existenz" bezeichnen, weil es sich nur im Schlaf um die permanente Ausschüttung der Urenergie handelt.

D *Im Traum seid ihr in der Urform dieser Energie, die keines äußeren dreidimensionalen Raumes mehr bedarf. Erst eure Materialisierung (Inkarnation) brachte die Notwendigkeit dieser Größen von „Zeit und Raum" hervor. Darum kann man in den anderen Dimensionen auch nicht mehr von Raum und Zeit sprechen. Es handelt sich dort um Bewusstseinszustände als Dauer von Ewigkeit, was permanente Gegenwart ist.*

Um diese Urenergie in Zukunft voll bewusst zu erleben, müssen die Traumbewusstseinsmöglichkeiten in das Wachbewusstsein gebracht werden, was in der Meditation schon annähernd möglich ist. Denn im Schlaf werden gewisse paranormale Fähigkeiten gefördert, von denen einige im

Wachzustand nur sehr selten auftreten. Erst wenn das Unbewusste mit Hilfe des feinstofflichen Körpers höherdimensionale Ebenen erreicht hat, können paranormale Wahrnehmungskanäle angezapft werden. So werden im Traum mittels psychischer Energie bewusst nicht vorstellbare „Felder" erzeugt, die im Sinne einer erweiterten Physik durchaus Realitätsanspruch haben. In solchen Feldern herrscht „Nullzeit"! Allerdings ist das gegenwärtig nur Vereinzelten möglich, was in ferner Zukunft aber allen Menschen möglich sein wird. Gegenwärtig wäre es gut, die Traumwelt zumindest als eine reale zu begreifen, was im übrigen gleichbedeutend mit dem „Zustand" nach dem Tod im Jenseits ist

Denn es gibt nicht zwei Welten: Traumwelt oder Jenseits und Wachwelt als Diesseits! Es ist alles nur eine Welt mit allerdings zwei sehr verschiedenen **Bewusstseinszuständen**. Ansätze für diese Auffassung sind gegeben, aber noch fühlt sich die Naturwissenschaft von einer solchen Hypothese abgestoßen. Dieses fatale Vorurteil muss überwunden werden. Als Vorbereitung darauf sollte die Wissenschaft sich von den alten Fesseln ihrer bisherigen Vorstellungen befreien und als Hypothese vorerst die Vielzahl (Hierarchie im Universum) von Bewusstseinsdimensionen[88] anerkennen. Leider haben die Menschen noch große Schwierigkeiten, sich über ihre begrenzte dreidimensionale Vorstellungswelt hinaus zu begeben.

---

[88] David Bohm; Mehrdimensionales System

Prozess und Zustand

Im Universum gibt es nur zwei Möglichkeiten: Prozess und Zustand, wobei sich beide auch durchdringen können. Einmal überwiegt der Prozess und einmal der Zustand, der wiederum zwischen Stillstand und Wandlung eine Spanne der Bewegung hat. Auf Erden überwiegt im Diesseits der „Horizontal-Prozess", weil dieser die Bewusstseinsdimension unseres Wachbewusstseins ist. Um nun in einen höheren Bewusstseinszustand zu gelangen, müssen die „wachbewussten Aktivitäten" des Prozesses einer schwer zu ertragenden Ruhe und quasi Bewegungslosigkeit eines Zustandes (z. B. Meditation) weichen, um die Vertikal-Einstrahlungen zuzulassen. Denn die rastlosen Bewegungen im Prozess erzeugt allein das ICH, und das ist nur „Flucht und leere Aktivität", um nicht in die Ruhe des Herzens zu gelangen. Wenn diese „Schaumschlägerei" endlich durchschaut wird, erkennt man, dass der Prozess als sinnloses äußeres Geschehen eigentlich gar nichts mit wirklicher „wandelnder Bewegung" zu tun hat. So paradox es auch erscheinen mag, allein der „Zustand" ist die wahre Bewegung, über die sich eine „echte Verwandlung" vollzieht, während die äußere Beweglichkeiten eine solche ständig verhindert und das Leben zu einem „Laufrad" oder einem „An-der-Stelletreten" herabwürdigt.

D *Siehe darum den Zustand niemals als einen Stand im Sinne von Stehen, sondern siehe ihn als einzige Möglichkeit, sich innerlich weiter zu verwandeln. Denn das bedeutet auch der „Zustand" in den anderen Bewusstseinsdimensionen. Denn dort vollziehen sich ständig Wandlungen der Zustände über den jeweiligen Bewusstseinslevel, und es gibt keinen Prozess im Sinne einer ständigen Rotation wie bei einer Mühle, deren Räder sich zwar auch drehen, aber dabei nie vom Fleck kommen, wenn sie dadurch auch das Mahlen der Körner bewirken, was aber um des Mahlens willen allein völlig überflüssig ist.*

Zwar entstehen über dieses „Drehen der Räder" im Kosmos die Raumvorstellungen über die Zeitmessung von Bewegungen in einer sich außer der Zeit ganz gleich bleibenden Räumlichkeit. Denn Räumlichkeit ist durchaus auch ohne Zeit zu verstehen, und zwar Raum als eine bestimmte Zustandsform und nicht mehr im Fluss einer kontinuierlichen Zeitabfolge zu erleben. Und diese „Raumzustandswelt" erleben die Menschen permanent im Traum, in dem sie nie eine Zeitfolge erleben, sondern nur Zustandsveränderungen, und zwar ohne Vergangenheit und Zukunft in permanenter Gegenwart. Und das ist den Menschen bereits auch gegenwärtig sehr wohl möglich, solche Vorstellungen einer „Zustandswelt" als Denkmodelle in wachbewusste Überlegungen zu integrieren.

(D) *Konzentriert euch darum auf den Traum, denn die Traumwelt ist die euch zugängliche nächst höhere Dimension. Wach- und Traumwelt sind eine Wirklichkeit, wobei vorerst der Traum der Ort ist, wo sich für euch die „beiden Welten" quasi nur berühren. Denn alles Sein bewegt sich immer zwischen zwei Zuständen: Dem zeitlosen Unendlichen und dem Endlichen, das sich im Prozess der Zeitlichkeit organisiert. Beide Zustände erscheinen nur dem Wachbewusstsein als entgegengesetzte und unvereinbar. In Wirklichkeit sind sie jedoch eine Bewegung derselben Wahrheit des Ewigen. Und obwohl Intuitionen durch unsere kritische Vernunft angefochten und nur zu oft in Misskredit gebracht werden, üben sie dennoch immer auf die Menschen eine große Anziehungskraft aus.*

Doch unabhängig von der Gefahr, Intuitionen der Illusion oder Täuschung zu bezichtigen, führt der Weg zum Supramentalen[89] nur über intuitives Erkennen. Denn nur ein sich völliges Öffnen für das „Dahinter" garantiert den Empfang verborgener Kräfte. Zwar kann sich gegenwärtig der höchste Intellekt immer noch bis zu Abstraktionen und intellektuellen Konstruktionen versteigen, bleibt aber dennoch immer im Phänomenalen irdischer Gesetze stecken. Das intuitiv Supramentale dagegen wäre durch kein irdisches System mehr gebunden. Es sieht Form und Wirken nicht mehr nur als Schlussfolgerung von Ursache und Wirkung, sondern erkennt darüber hinaus unmittelbar das Wesen eines Wahrgenommenen, und das ist Offenbarwerden als Erkenntnisform und nicht mehr nur eine *Konsekutio* mentaler Intelligenz. Es ist die Vereinigung der hintergründig erscheinenden wesenhaften Ideen mit einem determinierenden Denken im Supramentalen Bewusstseins. Der so Erkennende wird zum wahrnehmenden Zeugen, der das Erkannte als etwas erlebt, was er immer schon in sich „wusste". Dem Menschen wird in diesem Augenblick „offenbar", dass alle Schöpfung

---

[89] Aurobindo: "Es ist schwierig, die Natur des Supramentalen einer Mentalität verständlich zu machen, die noch nicht durch geweitete Erfahrung mit ihm vertraut ist. Denn unsere Vorstellung von der Tätigkeit der Sinne wird durch die einschränkende Erfahrung des physischen Mental beherrscht."

nur die von Gott determinierte Darstellung der ewigen Wahrheit ist. Denn dieses schöpferische supramentale Wirken von Evidenzen bleibt zwar immer auch mit einem real umsetzenden Handeln noch verbunden, das zwar unseren üblichen „mechanischen Vorstellungen" noch immer entspricht, wodurch aber eine Art Wechselspiel zwischen intuitiver Mentalität und unserem Vernunft-Denken entsteht und wobei das nun innerlich wirkende Supramentale quasi der Wirksamkeit unseres Handelns erst Sinn und Bedeutsamkeit verleiht und es in eine höhere Seinsebene erhebt.

(D) *Zwar sind im Kosmos die Schwingungs-Eingaben noch auf wenige begrenzt, trotzdem erreichen diese Schwingungen aus höheren Dimensionen ständig im menschlichen Bewusstsein so genannte „Chips", auf deren Eingabe eine Art Auswurf an Bildern und Erinnerungen erfolgt, und zwar genau so wie in Träumen oder im Zustand nach dem Erdenleben im Jenseits. So sind z.B. Alpha-Frequenzen solche aus einem höheren Frequenzbereich, die verschiedenen Erscheinungen in eurer Dimension ermöglichen, die mit eurer Physik nicht erklärbar sind. Thetawellen sind bereits Wellen aus dem Bereich des Unbewussten bei völliger Abschaltung des Oberbewussten. Ebenso die Delta-Wellen – sie bestimmen die starken Aktivitäten im Tiefschlaf, was ihr Träumen nennt. Nur so ist eine Erhöhung der Schwingungen notwendig, um die nächsthöhere Dimension zu erreichen.*

Sind alle Geschöpfe an diesen „Gestaltungsmöglichkeiten" mit beteiligt?

Ja, und diese Gestaltungsmöglichkeiten haben im Menschen eine für Gott selbst erzeugte Möglichkeit erschaffen, die „Bewusstseinsrückführung" aus den begrenzenden Schalen zu ermöglichen, um den schöpferischen Kreislauf für neue Dimensionen zu öffnen. Denn im Menschen hat sich Gott ein Geschöpf erschaffen, über das er sich selbst erkennen kann. Fecisti nos ad te, et inquietum cor nostrum donec requiescat in te.

Überspitzt formuliert könnte man sagen: Die „Bilder der Maya", also die Welt als Schöpfung, sind beide Illusionen und darum nie ein Prinzip, sondern existieren nur als die Möglichkeit, darin das Prinzip Gottes zu erkennen?

Schütte bitte nicht gleich das Kind mit dem Bade aus. Die Spiegelung Gottes in seiner Schöpfung ist mehr als ein Prinzip. Es ist die Ausstülpung des Geistes in Manifestationen, nur die unterschiedlichen Manifestationen sind insofern niemals ein Prinzip, weil sie ständig wechseln und den Bedingungen ihrer jeweiligen Bewusstseins-Dimensionen unterworfen sind, um dadurch die Möglichkeit zu bieten, über dieselben und die damit verbundene Erkenntnis der Prinzipien wiederum sich zu Gott „zurückzuspiegeln". Denn Gott selbst ist es doch, der den Weg über und durch die Bilder geht, die er erschuf, um sich selbst darin zu erkennen.

Noch reicht unsere Sprache vorerst für dieses „parapsychologische Geschehen" nicht aus, weil wir begrifflich dafür noch keine Entsprechungen finden und erst eine Identität von Seins-Substanz des Erkennenden mit dem Erkannten erfolgen muss. Das, was immer dabei erfolgt, ist die „Berührung" eines zeitlosen Unendlichen mit dem zeitlich Begrenzten über das „Supramentalen Bewusstsein". Und das bedeutet, dass der Mensch immer „mitbestimmt" und dabei erfährt, ob er selbst ein immer besserer „Supraleiter" oder zu einem „Verstopfer" im Leben geworden ist.

D *Tatsächlich gibt es hinter eurem Wachbewusstsein, das über die Sinnes-Organe die Außenwelt wahrnimmt, spirituelle Bereiche, die sich den Menschen erst über das kosmische Bewusstsein öffnen werden.[90] Noch sind diese Hintergrundsbereiche bei den meisten Menschen nur verborgen wirksam, beeinflussen aber schon, ohne dessen immer bewusst zu sein, alle subjektiven Erfahrungen. Wenn dieser Bereich voll geöffnet sein wird, was das Ziel des nächsten Äons sein wird, werden die Menschen erkennen, wie die gesamte Lebenskraft, die sich in den Menschen individualisiert hat, mit der universellen Lebenskraft identisch ist. Sie offenbart sich dann als dynamisches Wirken des Geistes und bewirkt so die wahre Offenbarung der spirituellen Wirksamkeit, die sich hinter dem materiellen Kosmos befindet.*

[90] Goswami a.a.o., S. 182

Wiederaufstieg des Bewusstseins ins Supramentale (Quantenbewusstsein)

Nach den Upanishaden sind Meditationen das Ausrichten der Intelligenz auf das Göttliche. *„Denn durch Meditation wird höheres Wissen erlangt und zusammen mit Kraft, Ausdauer, Stärke und Tapferkeit erfährt der Mensch eine Umwandlung."* Diese Phase der Umwandlung nannten die christlichen Heiligen die „Dunkle Nacht"[91], weil man sich in dieser Phase zwischen Finsternis und Dämmerlicht, zwischen Ungewissheit und halber Gewissheit befindet, die sich allmählich erst aufhellt, um die Wahrheit zu eröffnen, die in Erleuchtung endet. Es ist der Beginn einer Transparenz des Bewusstseins auf das Wirken des Supramentalen hin, das im Gegensatz zum Intellekt nicht mehr reines Denkwissen ist, sondern ein spirituelles Gewahren und Einswerden mit der Wahrheit, die man selbst herbeiführt.

Und das bedeutet, je mehr in Zukunft der „Ätherleib" über die Chakren sowie die bereits vorhandenen Module aktiviert werden, um so stärker werden dadurch auch alle bisher latenten und „nichtlokalen" Bewusstseinsbereiche aktiviert, bis dann am Ende des Neuen Äons der Ätherleib den leiblichen Träger völlig überflüssig machen wird. Dieser Umbruch hat jetzt begonnen, erfolgte aber bei den meisten Heiligen in der Vergangenheit schon immer. Dieser Zustand wurde bisher als Wunder abgetan oder auch verehrt, jedoch nie begriffen. Das wird sich ab jetzt (2012) gravierend ändern, was jedoch leider nicht bedeutet, dass die Menschen mit den neuen Erfahrungen im Bewusstsein auch schon fertig werden und umzugehen verstehen. Viele werden im Gegenteil dadurch eher verwirrt sein, in der Gesellschaft scheitern und als Störenfriede ausgeschaltet werden.

Spirituell inspirierte Menschen sind dagegen bereits heute schon in der Lage, solche Bewusstseinswandlungen zu erfassen. Sie betrachten darum auch immer weniger nur allein Phänomene und deren Wirkungen, sondern suchen viel mehr nach deren primären Ursachen. Das allmähliche „Erwachen des kosmischen Bewusstseins" wird im Menschen eine immer inten-

[91] Johannes vom Kreuz; „Die dunkle Nacht"

sivere direkte Verwendung von Intuitionen als „sechsten Sinn" freisetzen und zu etwas völlig Normalen werden. Das hat dann wiederum zur Folge, dass die Menschen auch alle Bewusstseinsaktivitäten anderer Menschen telepathisch gewahren und sich mit ihnen identifizieren können, wobei grundlegende Auswirkung des neuen Bewusstseins das Universalwerden des individuellen Bewusstseins sein wird. Von da an werden alle im Außen wahrgenommenen Phänomene ihre Unvollständigkeit und Abgetrenntheit vom inneren Zusammenhang verlieren. Es wird erkannt werden, dass alles unter einem universellen Gesetz steht und das Ganze eine ungestörte harmonische Manifestation des Geistes ist.

Nur darüber erfolgt automatisch auch eine Transformation unseres bisherigen mentalen Bewusstsein nicht mehr nur zum passiven Kanal für das Wirken des „Supramentalen" zu sein, sondern selbst „supramentalisiert" zu werden. Wodurch der Mensch die Möglichkeit zu einer Art des Schauens „höherer Dimensionen" erfährt und zugleich eine Ausweitung der Sinne zu ungeahnten Fähigkeiten erreicht. Denn die Sinnesorgane werden quasi fähig, den „psychischen Sinnen" als Kanäle zu dienen, und mit wachem Auge können die Menschen dann Dinge schauen, die bisher nur in psychischen Ausnahmezuständen zu erleben waren.

D *Alle reinen Aktionen des Supramentalen sind spirituell und teilen sich allein über Intuitionen mit.[92] Es ist die Macht des Geistes selbst. Darüber könnt ihr auf eigentümliche Art jegliches Ding erkennen: Die materiellen und nichtmateriellen, alle Formen und das Formlose, weil alles spirituelle Substanz des Seins ist. So gründet das Wirken des kosmischen Bewusstseins in der Wahrheit alles Sinns und ist ein Organ des reinen, geistigen und unendlichen Absoluten. Dieser Sinn kann aus eigener Vollmacht wirken und ist unabhängig von der Physis.*

Da alle wahrnehmbaren Energiewirkungen immer an einen substanziellen Träger gebunden sind, wird auch durch diese „spirituelle Transponierung" der Träger, also die Physis, einer Umwandlung unterzogen werden. Und das bedeutet, dass die Energien, die mit dem Beginn des neuen Äons ab

---

[92] Aurobindo bezeichnet diese Wahrnehmungsfähigkeit als sechsten Sinn, „der das tatsächlich einzige wahre Sinnesorgan sei. Alle anderen Sinne seien nichts als äußere Behelfe, die aber unser Bewusstsein von sich abhängig gemacht haben, indem sie für unser Bewusstsein zu einem ausschließlichen Übertragungsorgan wurden und es so beschränkten." Dieser Sechste Sinn ist dagegen das wichtigste Instrument, unser Bewusstsein ins Supramentale hinaus zu führen.

jetzt wirksam werden, direkt zur Umgestaltung der Träger selbst führen. Erst dieser neue Träger wird dann über seinen neuen Zustand auch in der Lage sein, die dafür benötigte „Radioaktivität" (Mexstrahlen[93]) als Hilfe für das sich entfaltende neue „Quantenbewusstsein" zu erfahren und begreifen. Auf diese Weise werden dann der physische Körper und das supramentale Bewusstsein wieder parallel geschaltet und die gegenwärtig alles bestimmende gegenwärtige „Spannung der Unschärferelation" wieder harmonisiert und aufgehoben werden.

(D) *Darüber muss ausführlich berichtet werden, denn das ist der direkte und notwendige Einfluss der Urenergie, der sich über das Bewusstsein im Menschen endlich den Ansatz verschafft, den ganzen Menschen zu „radioaktivieren" (Tesla). Strahlungen sind eingefärbte Energien als Ergebnisse bestimmter Ideenträger und Gestaltungsprozessen und diese werden immer bestimmt von der Urenergie über die „Unschärferelation", die ja immer die Spannung des Lebens zwischen Geist und Materie bleibt. Die Unschärferelation ist der Ansatz, denn in dieser Spannung sind alle Energiebewegungen verankert. Ursprung ist die Urenergie als transzendente Kraftquelle, die zwar niemals als solche erforscht werden kann, deren Wirkungen aber ständig erkennbar sind. Es muss darum noch viel mehr darauf hingewiesen werden, wie wichtig die Radioaktivität auch für die Bewusstseinshöherpotenzierung ist.*

DNS als pulsierende Lichtpumpe

Alle diese Bewusstseinshöherpotenzierungen erzeugen auch in der DNS permanente Veränderungen, denn sie sind zugleich auch Urheber für die Aktivierung latenter Gene. Diese „Mutationen" sind allerdings hinsichtlich der gesamten Menschheit, aber auch bei jedem einzelnen Menschen immer erst dann möglich, wenn eine bereits bewusste Veränderung durch eine Öffnung gegenüber diesen „Energiestrahlungen" erreicht wurde. Alle Umwandlungen in der DNS erfolgen als gesteuerte Frequenzen von Gestalt-

---

[93] Mexstrahlen sind ionisierte Röntgenstrahlen, die den Grenzring überwinden und Weiterentwicklungen ermöglich, allerdings auch zu Schädigungen führen können.

ideen immer erst dann, wenn eine „bewusste Bereitschaft" bereits vorliegt, um eine bisherige Latenz zu beenden und ein latent vorhandenes „Genmuster" neu zu beleben, was sich dann auf den gesamten Organismus bezieht. Und das bedeutet, dass 97% der DNS aus Material besteht, das nicht allein Träger eines Erbgutes (INTROS) ist, sondern es sich um „Bestandteile der DNS" handelt, die Biophotonen aussenden und empfangen. Denn die Entfaltung des spirituellen Potentials hängt davon ab, wie weit Nullpunktenergie die feinstofflichen Ebenen der Substanz durchdringt.

Damit hat die DNS neben ihrer rein genetischen Funktion noch eine weitere Bestimmung, die viel umfassender ist, als die bloße Transkription (Übersetzung) von Proteinen. Diese Funktion der DNS beruht darauf, dass der so genannte „biologische Laser"[94], nämlich die Schnittstelle zwischen Biophotonenfeld und imaginärer Informationsquelle sich in einem „kohärenten Zustand" befindet. Das gilt nicht nur auf der molekularen Ebene, sondern auf allen Organisationsstufen eines Organismus. Es sind elektromagnetische Wechselkräfte, die mit den impulsgebenden Nullpunktenergien imaginären Informationen gestaltbildend zusammenwirken. Die biologischen Moleküle der Biophotonenebene bilden die „Lasermaterie", wobei die DNS der zentrale aktive Lichtspeicher zur Steuerung aller Zellfunktionen ist.[95] Diese dynamischen Strukturierungen regulierender, morphogenetischer Felder führen zu Regelkreisen, die dann eine Selbstregulierungen erzeugen und den gesamten Stoffwechsel durch Biophotonen bestimmen. Auf diese Weise wird z.B. das von der DNS erzeugte Biophotonenfeld stabilisiert. Das heißt, es oszilliert ständig um diesen Schwellenzustand herum, weil es sich dabei um Schwingungsquanten handelt, die über die DNS in rhythmischen Impulsen weitergeleitet werden. Vergleichbar mit dem Herzpulsschlag arbeitet die DNS als pulsierende „Lichtpumpe". Dabei sammelt die DNS Licht an und sendet Energien als Informationen an den gesamten Organismus aus. Diese immense Informationsmenge kann nur die DNS leisten. Entscheidend dabei ist, dass nur ein Zustand, der seinen eigenen Gegenpol mit einbezieht, nur wirklich stabil sein kann, so wie das Tao der Chinesen „Ying und Yang" einschließt.[96]

---

[94] Laser Lichtverstärkung durch stimulierte Strahlungsemissionen, dabei wird die Energie, die sich dem Strahlungsfeld überlagert verstärkt. Laserschwelle als Zustandschwelle – eine Art Phasenübergang und Verwandlung einer „Substanz" in einen anderen Zustand. DNS ist Lasermaterie und der größte Lichtspeicher im Körper, eine Art Kernzone der Zelle und damit des ganzen Organismus und damit zugleich die Grundlage des ganzen Aufbaus der Materie und der Evolution.

[95] „Biophotonen", S. 264

[96] Fritz-Albert Popp; „Biophotonen" – S.209; Definition von Tao (Die DNS als pulsierende Lichtpumpe).

Alle diese Möglichkeiten sind latent in euch angelegt und werden von der neuen Population auch weiterhin aktiviert werden und eine Verwandlung im Menschen bewirken. Gegenwärtig hat dieser „Geburtsprozess" global und im großen Maße mit dem Eintritt in die nächst höhere Bewusstseinsdimension begonnen, womit auch eine genetische Verschiebung verbunden sein wird, die eine Art „Erweckung" von latenten DNS Codes und eine Bewusstseinserweiterung zur Folge hat.

Diese wird die ursprüngliche Form der Zellstruktur eures Körpers wieder herstellen, so dass eure Körperzellen mit dem interdimensionalen Geistkörper interagieren können, wobei dieser halbätherische Körper bereits in euch enthalten ist. Dabei handelt es sich nicht um eine Veränderung der DNS, sondern es werden nur in der DNS bereits angelegte bisher latente Gene mehr zum Tragen kommen, andere dagegen werden degenerieren. Die wieder aktivierten DNS-Stränge werden dann in jeder Zelle eine multidimensionale skalare (= unbekannte Größe) Wellenantenne besitzen, die jede wichtige Botschaft der Seele aufnehmen und sofort verarbeiten kann.

E N D E

Literatur auf einen Blick

Anonymos .... Telepathie / Kommunikation der ZukunftAssagioli,
Roberto .... Psychosynthese / Junfermann
Augustinus .... Bekenntnisse /
Aurobindo, Sri .... Die Synthese des Yoga / Hinder 1972
Bailey, Alice .... Gesamtwerk / Genf 1932
Bernhard von Clairvaux .... Das Buch von den Stufen der Demut und des Stolzes/
St. Benno Bhave .... Der innere Frieden
Bischof, Marco .... Biophotonen / Zweitausendeins
Bohm, David .... Wholeness and implicate order / London 1980
Bonaventura .... Soliloquium / Kösel Verlag Kempten 1958
Bunyan, John .... Die Pilgerreise Oesch Verlag
Capra, Fritjof .... Das Tao der Physik
Chardin, Pierre Teilhard de .... Die Entstehung des Menschen / C.H.Beck 1981
Davies, Paul .... Gott und die moderne Physik / Bechermünz Verlag
Dionysius Areopagita .... Die Hierarchie der Engel / München 1957
Dürr, Hans Peter................ Physik und Transzendenz / Scherz
Frisell, Bob .... Aus der Zukunft in die Gegenwart
Gabriel, E. .... Ein integrales Weltbild / München 1991
Gebser, Jean .... Ursprung und Gegenwart / Novalis Verlag 1979
Grof, Stanislav.................. Geburt, Tod und Transzendenz / rororo
Hartmann, Nicolai .... Ästhetik / München 1951
Hasselmann, Varda .... Archetypen der Seele
Häberli, Gerhard................ Die Einheit von Kosmos, Atom und Geist / Cosat-Verlag
Heisenberg, Werner .... Physics and Beyond / New York 1971
Hildegard von Bingen .... Der Mensch in der Verantwortung / Otto Müller Verlag
Hierzenberger, Gottfried .... Erkundungen des Jenseits –
                                  Der Blick auf die andere Seite der Wirklichkeit
Jasmuheen (Ellen Greve) ...... Lichtnahrung
Kant, Immanuel .... Praktische Vernunft
Lawrence, T.E. .... Tagebuch von drüben Ansata
Lersch, Philipp .... Aufbau der Person / München 1953
Lorber, Jakob .... Das große Evangelium Johannes / Bietigheim 1981
Ludwiger, Illobrand von........ Die Erforschung unbekannter Flugobjekte
Maharshi, Ramana.............. Seine Lehren / Kailash Buch
Meckelburg, Ernst .... Transwelt / Langen Müller
Nidle, Sheldon .... Der Photonring / Falk Verlag
Ouspensky, P.D. .... Auf der Suche nach dem Wunderbaren / München 1978
Planck, Max .... Where is science going? / New York 1932

Rohr, Richard; Ebert, A. .... Das Enneagramm / München 1990

Sens, Eberhard .... Am Fluss des Heraklit / Insel Verlag

Sheldrake, R.; Fox, M. .... Engel – die kosmische Intelligenz / München 1998

Stein, Edith .... Gesamtwerk

Sutton, Christine .... Raumschiff Neutrino / Birkhäuser

Swedenborg, Emanuel .... Himmel und Hölle / Zürich 1977

Tesla, Nikola .... Gesamtausgabe: Seine Werke

Theos, Bernhard .... Hatha Yoga Günter Verlag

Thomas von Aquino .... Die menschliche Willensfreiheit / Düsseldorf 1954

Tipler, Frank J. .... Die Physik der Unsterblichkeit dtv

Therese von Avila .... Der Weg zur Vollkommenheit

Therese von Avila .... Die innere Burg / Zürich 1979

Underhill, Evelyn .... Mystik / Bietigheim 1928

Upanishaden .... Dietrichs Gelbe Reihe

West, John A. .... Die Schlange am Firmament / Zweitausendeins

Wilber, Ken .... Halbzeit der Evolution / Fischer 1998

Yukteswar, Sri .... Die Heilige Wissenschaft / O.W.Barth 1976

Zoev Jho .... E.T. 101 / Zweitausendeins

Eigene Notizen

_____

_____

_____

_____

_____

_____

_____

_____

_____

_____

_____

_____

_____

_____

_____

_____

_____

_____

_____

_____

_____

Eigene Notizen

Eigene Notizen